飛行機はどこを飛ぶ?

航空路・空港の不思議と謎

秋本俊二・監修
Shunji Akimoto

JIPPI Compact

実業之日本社

人気の国内線

航空路の見どころ4

この眺めがすごい！

国内線で利用者の多い空港や路線の見どころを紹介します。

見どころ1 東京湾周辺

写真：Yuko Miyashita

国内線の利用者数がもっとも多い空港は、羽田空港。離着陸時には、方向によって、スカイツリーなどの東京名所が望める。夜景も一見の価値あり。

見どころ2 羽田―新千歳線

写真：藤田哲史

国内線の利用者数がナンバー1の路線。東北の名山のほか、霞ヶ浦、猪苗代湖、田沢湖（上写真)、十和田湖、洞爺湖、支笏湖など、多くの湖を望める。

見どころ3 羽田—伊丹（大阪国際空港）線

国内線の利用者数がナンバー3の路線。見どころは、離陸後、十数分で見えてくる名峰・富士山。四季折々に表情を変え、見るたびに新しい発見がある。

見どころ4 羽田—福岡線

写真：藤田哲史

国内線の利用者数がナンバー2の路線。小豆島や厳島（上写真）など、数々の島が浮かぶ瀬戸内海の眺めは、まさに絶景。夕暮れどきは、ひときわ美しい。

上空にはりめぐらされた「見えない道」を旅しよう　～まえがき

みなさんは、「富士山を思い浮かべてください」と言われたら、どのような姿を心に描きますか？　多くの方は、テレビなどでよく見る、下から見上げた台形の富士山を思うことでしょう。

わたしの頭に浮かぶのは、飛行機から見下ろした、円すい形の姿です。たしかに、地上から見る富士山は雄大ですが、機窓から見える、地球から突き出たような姿は別格。広いすそ野から頂《いただき》のクレーターへといたる山景は、生命力にあふれ、いちど見たら忘れられません。

飛行機に乗る楽しみの一つは、こうした地上の生活では味わうことのできない、機窓からの眺めでしょう。とくに日本は、周囲を海に囲まれている一方、国土の約75％が山地です。美しい湾や山脈が多く、見ていて飽きることがありません。

しかし時々、同じ路線なのに、見える景色がいつもと違うことがあります。空港の近くなどでは、まっすぐ滑走路へと向かえば早そうなのに、思いのほか大きく旋回して飛んでいることもあります。なぜでしょうか？

地上とは違い、空には道路も交通標識もありません。だからといって、飛行機は自由に飛べるわけではありません。「航空路」という人の目には見えない、決められたルートを飛んでいるのです。ルートだけではありません。飛ぶ高さや、ほかの飛行機との間隔などにも、国際的な決まりがあります。

一方、飛行機が離着陸する空港へと目を向けると、滑走路の向きや長さ、管制塔の高さや形、飛行機を停めておく駐機場の形などが空港によって大きく異なります。停まっている飛行機の近くでは、変わった形の車や多くの人が、ひっきりなしに行き来しています。彼らが何をしているのかも気になるところです。

このような、乗客にはあまり知られていない、航空路や空港にまつわる不思議や謎を70項目以上も集め、解説したのが本書です。自分の乗る飛行機がどの航空路を進むのかを知ることで、機窓の風景をより楽しむことができるでしょう。また、飛行機や空港のしくみを知ると、離着陸時や、ラウンジで過ごす待ち時間の楽しみも増えるはずです。

本書を旅のお伴に添えていただき、みなさんの空の旅がよりおもしろく、より印象深いものになることを願っています。

航空ジャーナリスト　秋本俊二《あきもとしゅんじ》

［目次］

part1
どこを飛んでいるの？ 航空路のミステリー

part2 あれは何？ 窓から見える建物や景色

part3

何をしているの？ 管制・空港のふしぎ

part4 緊急事態はどうするの？ 空と地上の意外なルール

part5 こうして発展！ 日本の航空路とローカル空港

part1

どこを飛んでいるの?・航空路のミステリー

昔はジグザグ、いまはまっすぐ。目には見えない飛行機専用の「空の道」

地上を走る自動車のような「目に見える明確なルート」が存在しない空。といっても、飛行機は急に止まることはできないし、みんなが好きなように飛んで衝突でもしたら、大惨事につながってしまいます。そこで、多くの航空機が空中で安全に航行するために、**空には「航空路」という目に見えない飛行機の通り道が決められています。**

航空路には、世界共通の決まりがあります。幅８キロの間隔と、高さ３００メートル以上の高度差を保つことです。また、対向する飛行機同士は、地上２万９０００フィート（約８８００メートル）までは１０００フィート（約３００メートル）ごと、それ以上の空域では２０００フィート（約６００メートル）ごとに、飛行方向が決められています（22ページ参照）。立体交差のように高度差を保ったり、飛ぶ方向によって一方通行になったりと、地上の道路と同じように交通ルールが定められているのです。

航空路はこれまで、超短波全方向式無線標識「ＶＯＲ（VHF Omnidirectional Range）」という、地上にある基地（無線施設）を結んだルートになっていました。パイロットは、

飛行機同士の間隔と高度差

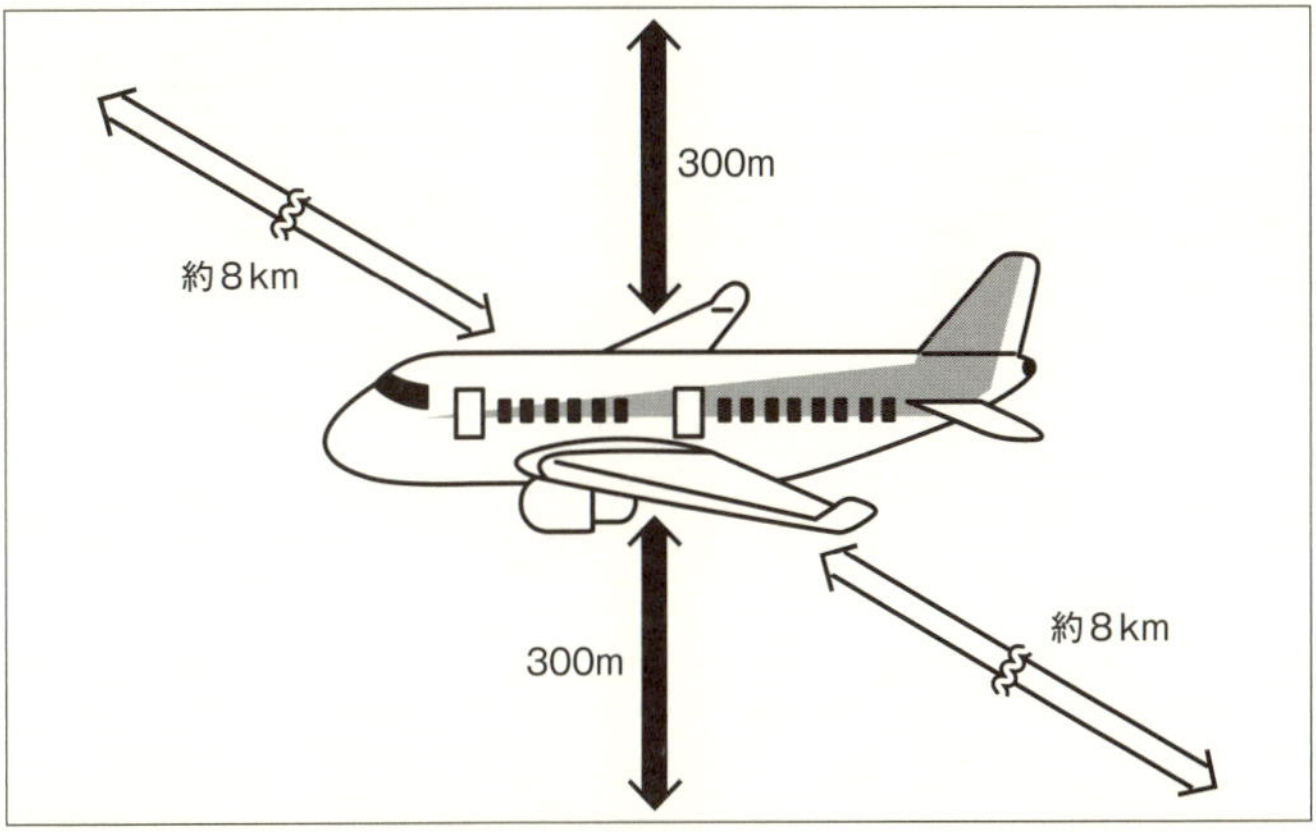

他機とは、左右約 8kmの間隔と、上下約 300m以上の高度差を保つ。前後は、飛行方法などによって 10 分程度の間隔を空けている。

VORとRNAVの航空路のちがい

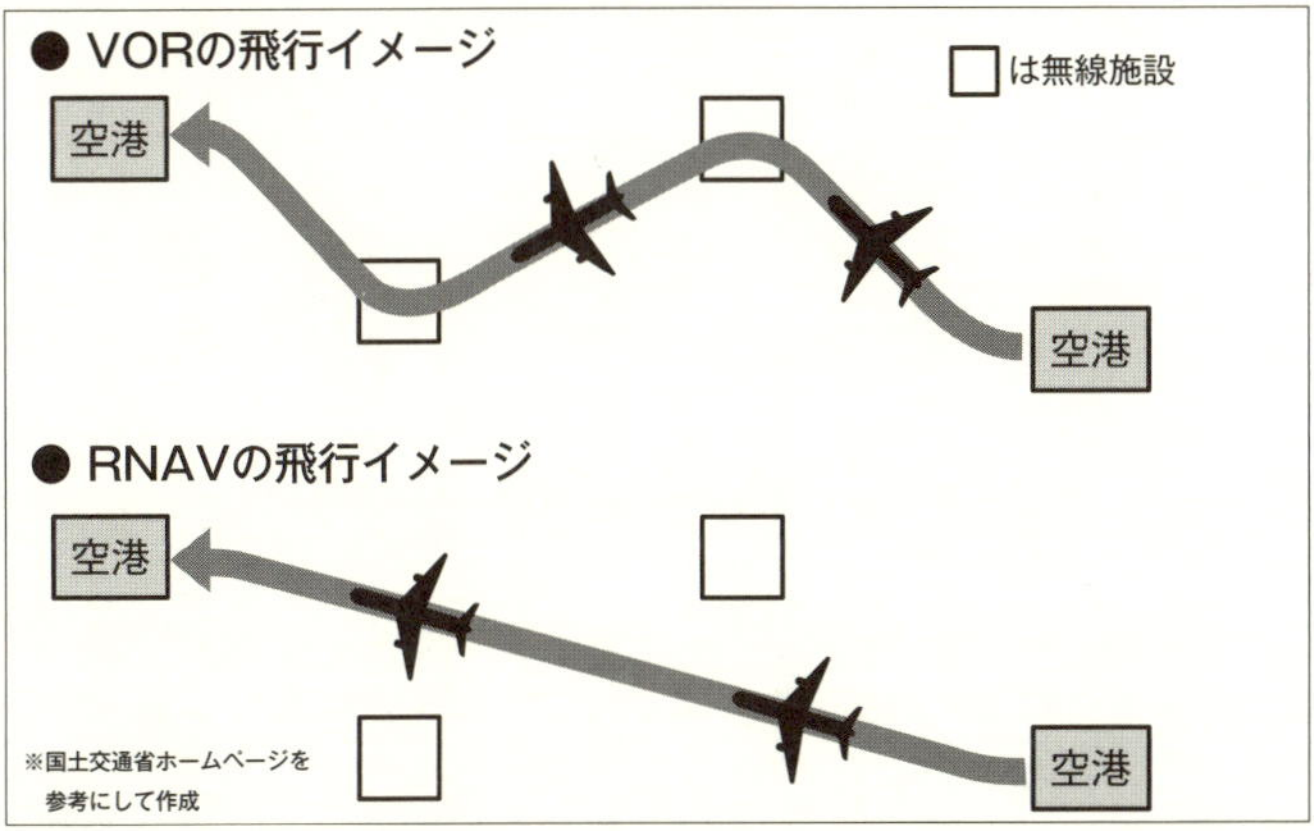

無線施設の真上を飛ぶ VOR はジグザグの飛行ルートとなる。一方、RNAV は直線的なルートをとることができる。

基地から発信される電波を順にたどりながら、その真上を飛行方向ごとに定められた高度で飛行。電波が届かないところは飛行できず、出発地と目的地を結ぶ最短ルートのすべてに基地があるわけでもないため、点在する基地のあいだを線で結んだ、ジグザグの折れ線ルートになっていました。

そこで最近では、広域航法「RNAV《アールナブ》（area navigation）」への移行が進んできています。これは、GPS（全地球測位システム）や距離測定装置「DME（distance measuring equipment）」といった距離情報を発信できる基地の電波を使って、航空機が搭載している高機能なコンピュータなどで自分の位置を算出し、ルートを自由に設定する方法です。

RNAVは人工衛星の電波を使うため、世界中のどこにいても利用できます。また、出発と到着の2地点間をほぼ直線でつなぐため、従来と比較して飛行距離が短くなり、飛行時間の短縮や、燃料の消費と二酸化炭素の排出を削減する効果が期待されています。

そして**航空路にも、地上の道路と同じように、それぞれ名前がついています**。たとえばVORの国際航空路の場合は「R220」のように、A、B、G、Rのうちの1文字と3ケタの記号を組み合わせます。国内航空路の場合は「V11」のように、V、Wのいずれかと数字を組み合わせます。RNAVの国際航空路はL、M、N、Pが、国内航空路はQ、T、Y、Zが使われています。

✈北海道の国内線のおもなVOR航空路

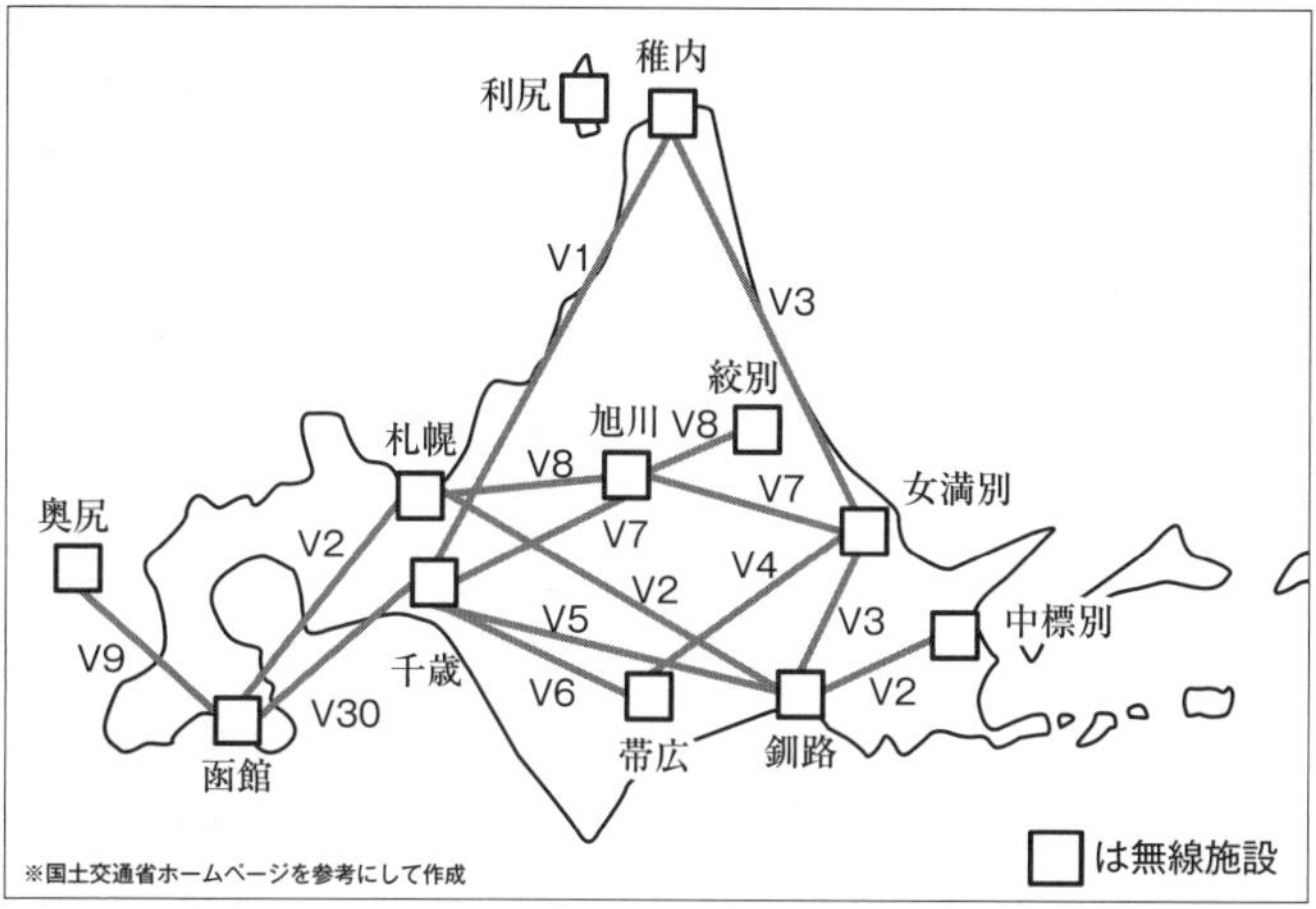

VOR の国内航空路のため、航空路の名称は、アルファベットのＶと数字の組み合せになっている。

航空路に出入りするための離陸や着陸のルートは、空港ごとに経路が決められています。多くの空港が複数の離着陸ルートを設定していて、離陸・着陸する方向や風向きをはじめとする気象条件などにより、決定されます。

離陸した飛行機が航空路に入ると、**パイロットはルート上に点在する「ウェイポイント」というポイントを目印に、航空機の位置情報を把握したり、管制官から進路や高度の指示を受けたりします。**

ウェイポイントには、世界共通のルールとして、アルファベット5文字の名前がつけられています。ポイントが位置する地名のほか、その土地の名産品など、ユニークなウェイポイントもあります。

地図とは異なる空の道。出発地と目的地は同じでも、飛行ルートは毎日変わる

飛行機に乗っているとき、「いまどのあたりを飛んでいるのか」が気になる人は多いことでしょう。機内のスクリーンやシートに設置された個人用（パーソナル）モニターで、現在位置を表示した「フライト・インフォメーション」の画面を見ている人も多くいます。

しかし、シートのポケットに入っていた機内誌の地図に描かれた飛行ルートと、スクリーンに映し出されている現在のルートが違ったり、前回と同じ出発地から同じ目的地に向かっているはずなのに、前とは違うルートを飛んでいたりすることがときどきあります。

同じ場所へ向かっているはずなのに、そして空を飛ぶ飛行機は、地上の道路のような交通渋滞を迂回する必要もないのに、なぜいつも同じ「空の道」を使わないのでしょうか。

じつは、ひと口に「航空路」といっても、**飛行機が飛ぶルートは一つではありません。**

わたしたちが日ごろからよく目にする、地図に示された弧を描いた飛行ルートは、毎回ほぼ同じルートを飛行する欧州線などを除くと、「大圏《たいけん》航路（大圏コース）」という、出発地から目的地までの最短距離を表わしています。つまり地球儀の上で、出発地と目的地の2

東京-ロサンゼルスと、東京-ロンドンの大圏航路図

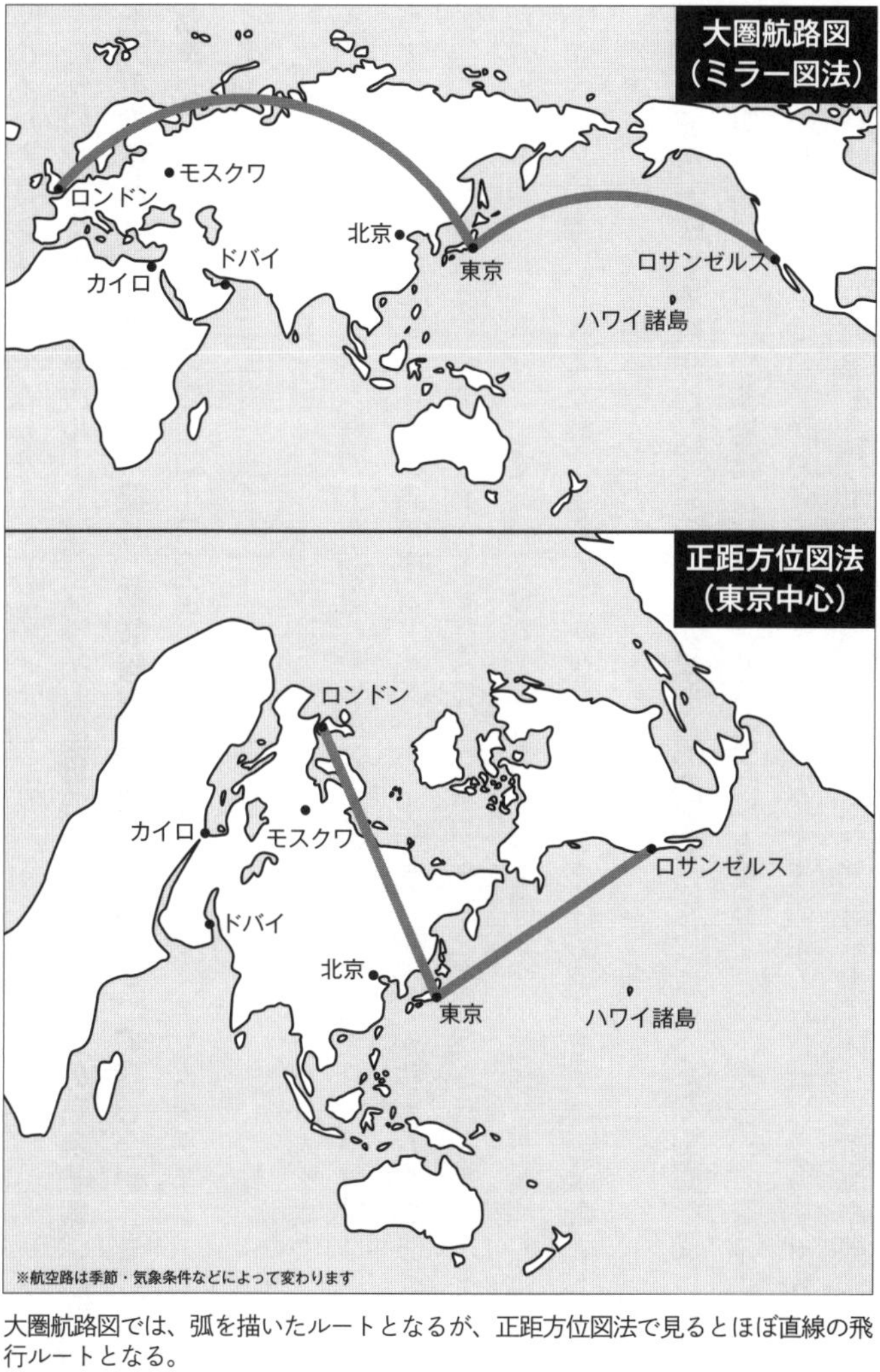

大圏航路図では、弧を描いたルートとなるが、正距方位図法で見るとほぼ直線の飛行ルートとなる。

点のあいだに、まっすぐな線を引いたようなものです。

これに対して**実際の飛行ルートは、フライト当日の出発地や目的地の気象予報、航空路上の風の流れなどを考慮して、機長と運航管理者が飛行計画について話し合い、もっとも効率がよく、飛行時間の短いコースを選びます**。このコースをミニマム・タイム・トラック「MTT（minimum time track）」といいます。

たとえば、成田空港とオーストラリアのシドニー国際空港を結ぶルートは、地図を見ると、太平洋に浮かぶグアム島の上を通過して赤道を越え、南半球に入り、パプアニューギニアの上空を通ってシドニーに到着するという、1本の飛行ルートが描かれています。

ところが実際には、成田―シドニー間には2、3本のルートが設定されていて、それぞれのルートは、ところによっては約300〜400キロも離れています。飛行当日はベストなコースが選択されるため、あらかじめ地図を見てグアムの真上を飛ぶと楽しみにしていたのに、まったく通らなかったということも起こり得るのです。

日本を離着陸する飛行機は、ジェット気流（偏西風《へんせいふう》）によって大きな影響を受けます（26ページ参照）。とくに冬場は、時速約300キロにもなるジェット気流が、日本の上空付近を流れるため、その影響を考慮したうえで、MTTを設定しなければなりません。

とりわけ太平洋の上空を飛行する東京―ホノルル線や、東京―アメリカ西海岸線は、気

東京-ロサンゼルスの航空路イメージ図

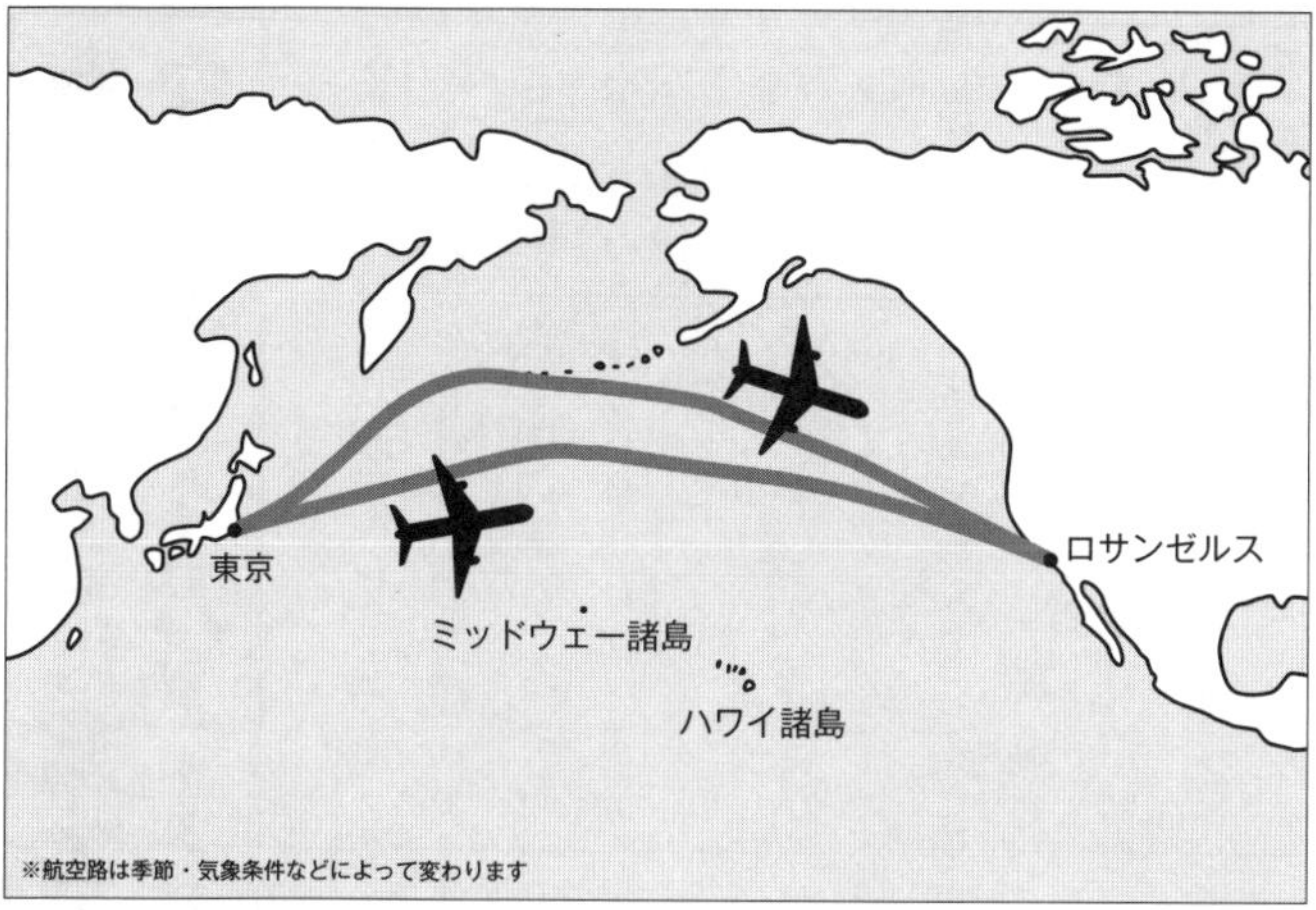

2015年10月の実際の航空路を略図化したもの。選択されるルートによって飛行位置が大きく異なっている。

流の影響を受けやすいため、実際の飛行ルートは、毎日のように変わります。東京からロサンゼルスへ飛ぶ場合、アラスカ付近を通ることもあれば、もっと南の太平洋上を飛ぶこともあり、300〜400キロもルートの違いが発生します。

離陸した後も、空の天気は変わりやすく、また、ルートによっては空の道が混雑しているため、必要に応じて高度を上下したり、条件のよいルートを選んだりしなければなりません。

地図上ではシンプルな一本道のように見える飛行ルートですが、実際には、複雑に入り組んだルートのなかから、もっとも効率的で安全なルートを探して飛んでいるのです。

窓の外の高さは富士山の約３倍。なぜ「地上１万メートル」を飛ぶのか

富士山をはるか眼下に見下ろし、雲を突き抜けて空を飛ぶ飛行機。飛行機は、どのくらいの高度を飛んでいるか、ご存じでしょうか。旅客機の場合、巡航高度（水平で飛行する高さ）は国際線と国内線に大きく分けられ、通常は国内線なら２万～４万フィート、国際線なら３万～４万６０００フィート、平均すると約３万３０００フィート（約１万メートル）の上空を飛行しています。

高度に幅があるのは、東行きが１０００フィートの奇数倍、西行きが偶数倍を飛ぶといったルールが決まっていて、飛んでいるほかの飛行機と接近しすぎないように、それぞれの飛行機が高度を変えて飛んでいるためです。

日本一の高さを誇る富士山の頂上が、標高１万２３８８フィート（３７７６メートル）ですので、その高さはおよそ３倍にもなります。遊覧飛行のように地上５００～１０００メートルを飛べば、雲に遮られることなく、もっと景色を楽しめるのに……。そう思うこともあります。

国内線と国際線の巡航高度

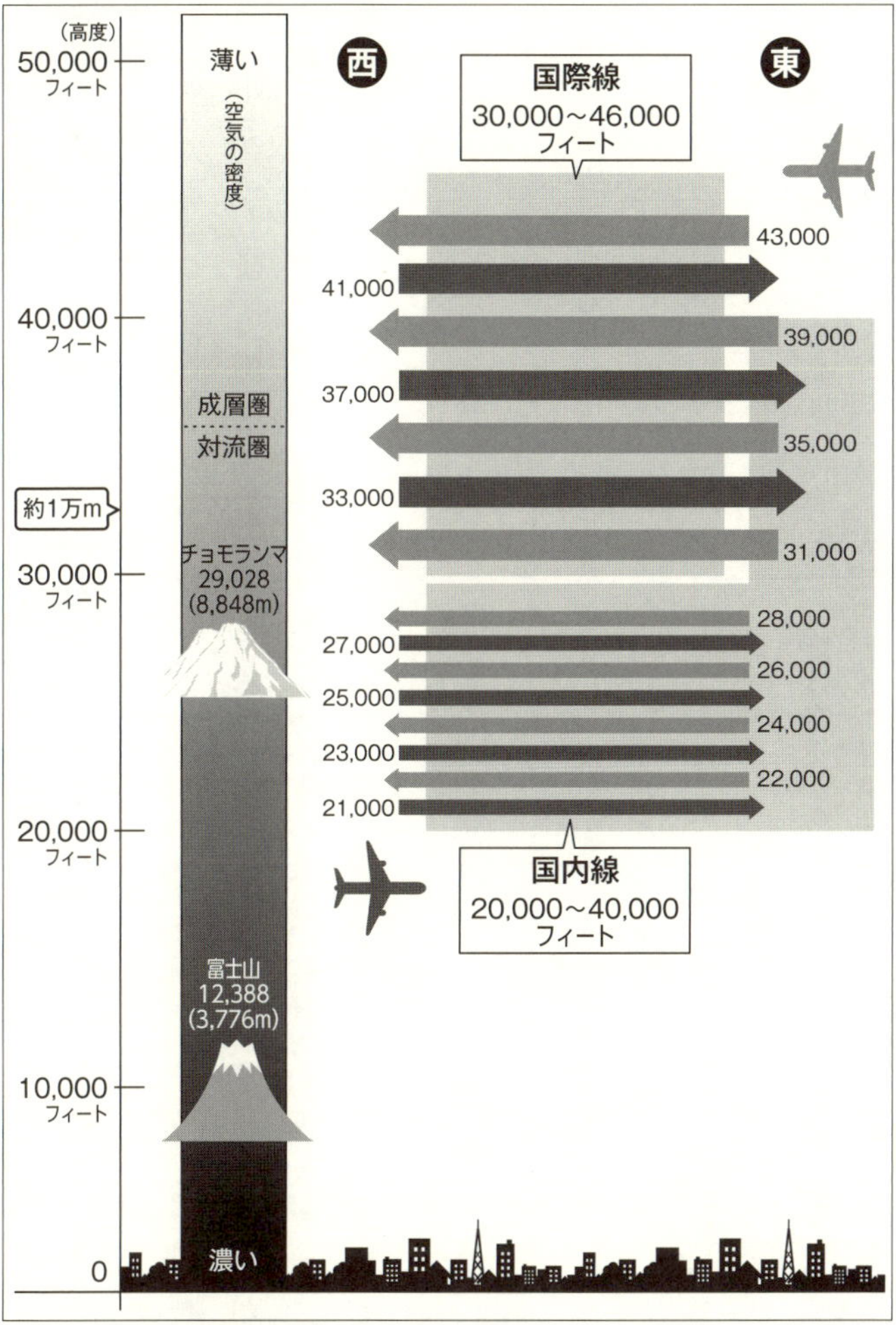

飛行機は効率よく飛べる高度である、対流圏の上層から成層圏の下層を飛んでいる。30,000 から 40,000 フィートにかけては、国際線も国内線も飛行する。

じつは飛行機が1万メートルを飛ぶのには、深い理由があります。飛行機はフライト中、機体の重さを支える「揚力《ようりょく》」と、空気の抵抗である「抗力《こうりょく》」の影響を受けています。

登山家が、標高8848メートルのチョモランマ（エベレスト）など高い山に挑むとき、酸素ボンベを持って行くことからもわかるように、空気の密度は地面から離れれば離れるほど小さくなります。**周囲の空気が薄くなると、揚力が小さくなる一方で、機体にかかる空気抵抗も少なくなるため、飛行機は前に進みやすくなり、燃費も向上します。**これは、水草だらけの沼でボートをこぐよりも、水が澄んでいる湖のほうが抵抗が少なく、ボートが前に進みやすい状況と似ています。

それでは、1万メートルよりもっと高いところを飛べば、空気がさらに薄くなり、飛行機はもっと速く飛べるかというと、そううまくはいきません。

揚力が小さくなると、飛行機の姿勢が安定しにくくなり、揚力を調整するために機首を上げると、今度は空気の抵抗も大きくなってしまいます。また、飛行機は、エンジンの中で吸い込んだ空気を圧縮・燃焼・排気することによって推進力を生み出し、その力で前に進んでいます。

1万メートル以上の高度になると、今度は空気が薄すぎて、いくら圧縮しても燃焼しにくくなるといったようにエンジン効率が下がり、飛行機はだんだん前に進まなくなってし

ボーイング747-400の機体。両主翼に筒状のエンジンを4基搭載している。

まいます。また、機体をより上昇させるためには、燃料を多く消費しなければならないといった経済的な問題もあります。

つまり、揚力と抗力のバランスがとれて、飛行機の重さをしっかりと支え、機体への空気の抵抗がなるべく少なく、エンジンの推進効率がもっともよい高度——それが地上1万メートルなのです。

長距離路線では、飛行中に巡航高度を上昇させることもあります。飛行機の重量は、飛行時間が経つにつれ、消費した燃料の分だけ軽くなります。そこで燃費効率を高めるために、「最高飛行高度」と呼ばれる最長の飛行距離を出せる高度に近づけて、ときには地上4万フィート以上の高度を飛んで、経済性を向上させているのです。

同距離・同機材のはずなのに、行きと帰りで飛行時間が違う理由

たとえば夏に、成田空港からロサンゼルスまで、日本航空の62便で飛ぶとします。時刻表によると、所要時間は10時間15分。ところが61便でロサンゼルスから成田へ帰国すると、フライト時間は11時間10分と、55分も長くなってしまいます。運航機材（飛行機の形式）は、どちらも７７７―３００。折り返し運航をしているので、飛行機の性能に差はありません。

行きと帰りで飛行経路が若干異なることも理由の一つですが、**この不思議な現象の原因のほとんどは、常に上空に吹いている「偏西風《へんせいふう》」の影響です**。地球を覆っている空気は、太陽により赤道付近が熱せられ、極地域付近が冷え込むことで、低緯度から高緯度への風が生じます。地球の自転により、これが見かけ上は西から東へと吹く帯状の風となったものが「偏西風」です。

なかでも北緯30～35度あたりの、対流圏上層または成層圏下層に吹く強い偏西風は「ジェット気流（ジェット・ストリーム）」と呼ばれ、その中心部は、夏場は時速１００キロ程度、冬場には時速３００～４００キロにも達することがあります。ジャンボ・ジェッ

偏西風のしくみ

● 東から西へと吹く偏西風

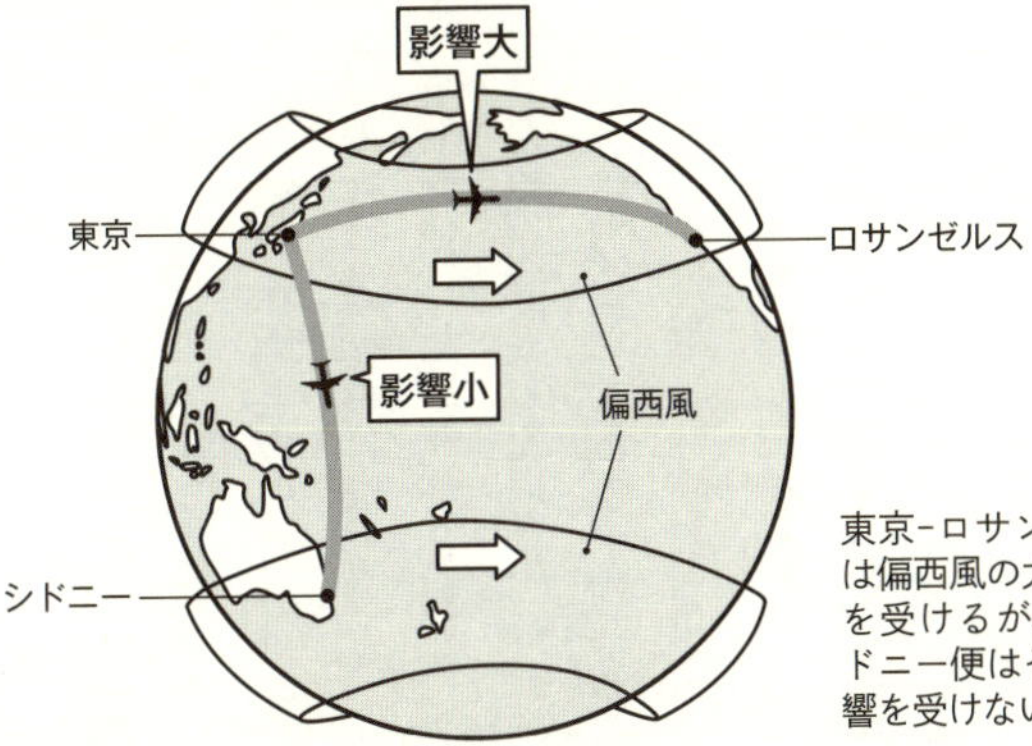

東京-ロサンゼルス便は偏西風の大きな影響を受けるが、東京-シドニー便はそれほど影響を受けない。

※白木正規『新百万人の天気教室』を参考にして作成

● 2本のジェット気流が日本付近で合流する

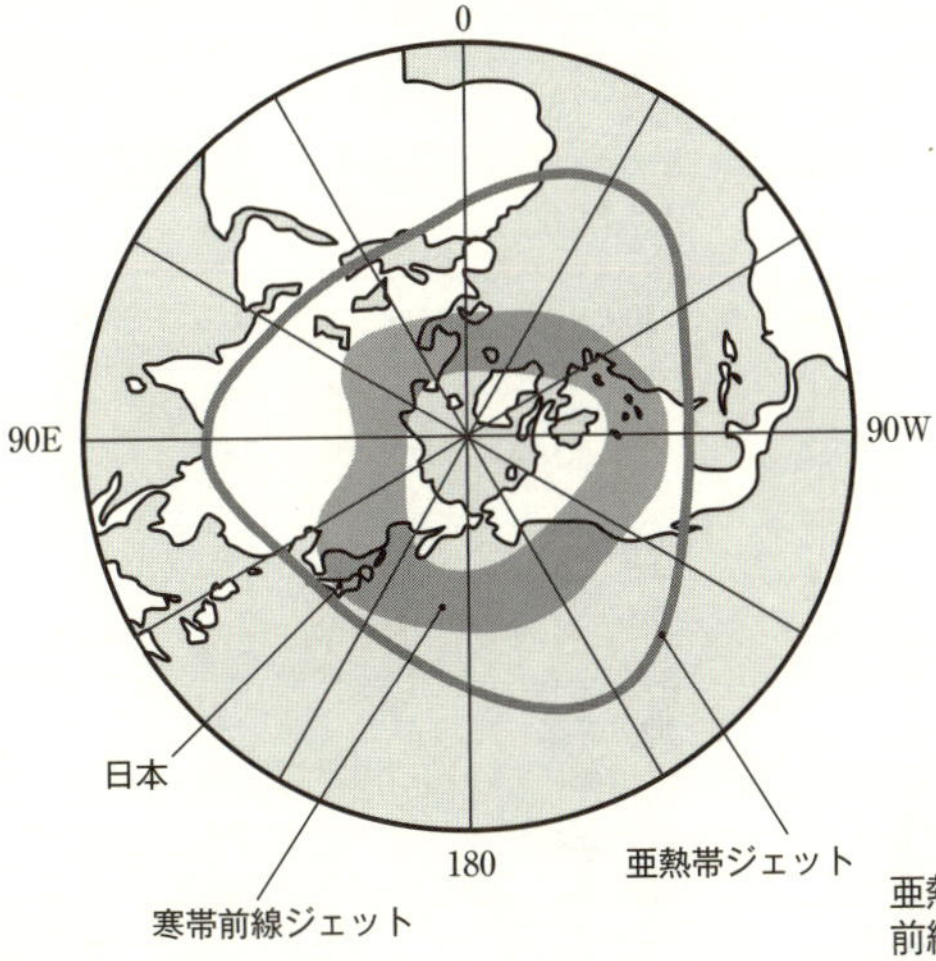

亜熱帯ジェットと寒帯前線ジェットが合流する日本付近は、とくに強い風が吹く。

※渡辺博栄『台風』を参考にして作成

トの時速が約900キロですから、いかに強い風かがわかるでしょう。そのうえ、この風が吹く高度は約1万メートル前後と、飛行機の巡航高度と同じくらいです。この風が飛行機の運航に、多大な影響をおよぼすのです。

仮に、ある都市から4300キロ離れた別の都市へ、平均時速860キロで飛行するとします。無風の状態と仮定して単純計算してみると、飛行時間は5時間です。けれども、もし200キロ遠回りになったとしても、時速140キロの追い風が吹くとしたら、どちらのルートを使ったほうが有利でしょうか。

200キロ遠回りした場合、飛行距離は4500キロに増えます。しかしそのルートなら、追い風の力を加えると平均時速は1000キロに加速するため、目的地には4時間30分で到着し、最短距離を飛ぶより30分も短縮できるわけです。

20ページでも紹介したように、飛行ルートは、地球儀上の最短距離ではなく、こういった風向きや風速などの気象状況を考慮して、定期便の場合なら、あらかじめ決まったいくつかのルートのなかから、もっとも短い時間で効率よく飛べるルートが選ばれます。つまり、できるだけ偏西風が追い風になるような航空路なら、短い時間で効率よく飛ぶことができるわけです。

しかしながら、東から西への航空路は向かい風の影響を受けやすく、とくに冬は季節風

季節によって吹く位置を変える偏西風

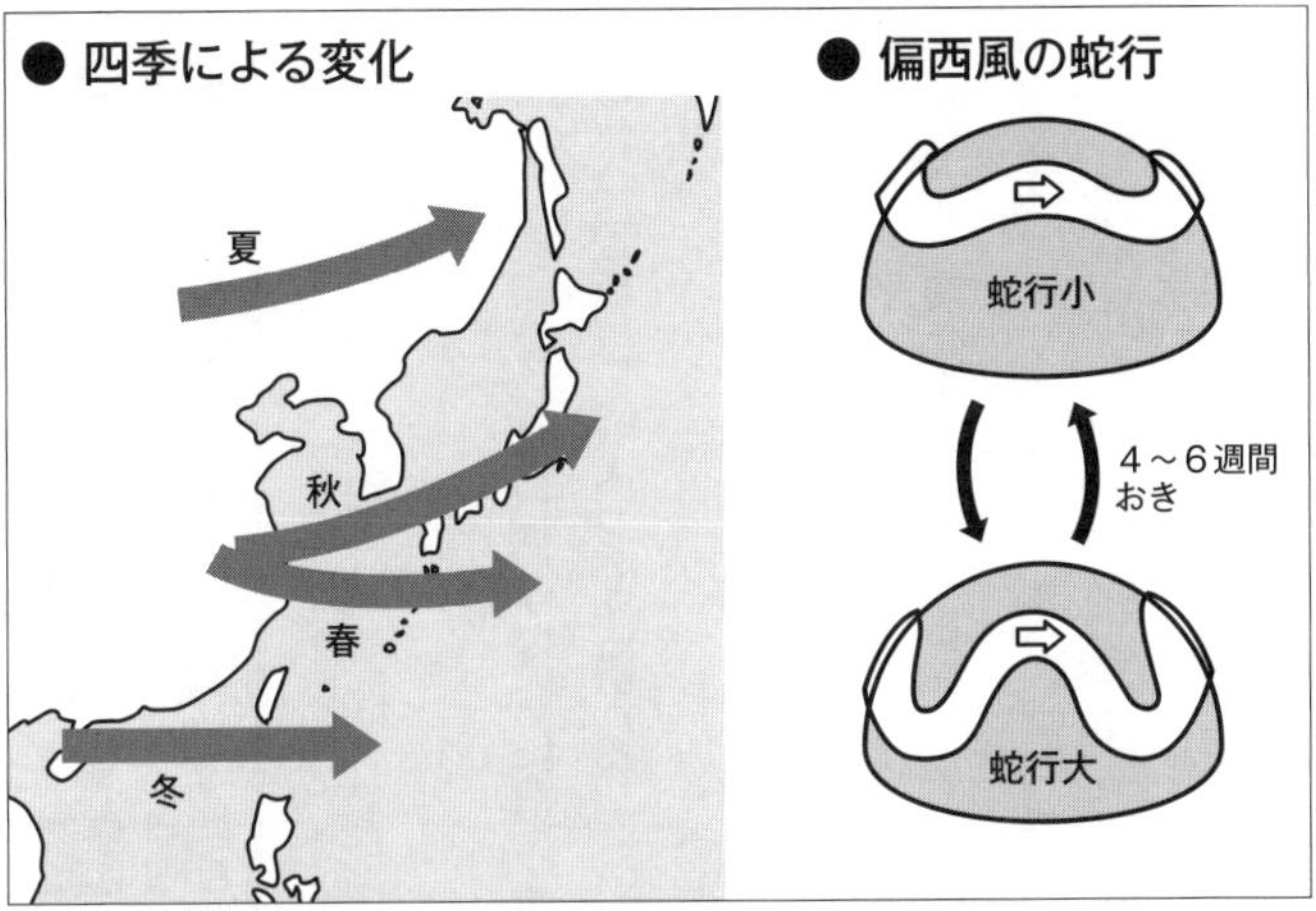

偏西風は４～６週間おきに蛇行位置を変える。加えて、季節によっても変化するため、日本付近に吹く風の位置も大きく変わる。

も加わり、さらに強い風が吹くことがあります。

かつて、アメリカから成田に飛んでいた飛行機が、向かい風が強すぎたために予想外に時間がかかって燃料不足になり、急遽、千歳《ちとせ》空港に着陸して燃料を補給するというハプニングもありました。

偏西風は季節によって吹く場所が変わるため、飛行時間もそれにともなって季節により変わります。しかし、常に西から東へと吹いているため、たとえば成田―シドニー線のような南北を結ぶ航空路には影響が少なく、往路も復路もほとんど同じ時間でフライトしています。

つまり、飛行時間は日々変わるので、時刻表は参考程度にしたほうがよさそうです。

旅客機が飛べない空がある!? 飛行の禁止区域と制限区域

障害物が一切ない空の上では、飛行機はまるで鳥のように、自由に空を飛ぶことができる――そんなふうに思うかもしれません。

しかし実際は、**飛行機が安全に飛ぶために、空は利用の目的に応じて「空域」として区分され、「管制」によって仕切られています。**

世界の空は、一般的にそれぞれの国の主権がおよぶ「領空」のほか、隣接するどの国にも属さない「公海」の上空も含めて、各国が空を区分して航空交通業務を担当しています。

日本の空のほとんどは、国土交通省が管理しています。国交省は「航空法」という法律によって、飛行機が飛ぶことで危険が発生する可能性のある区域を選定し、その上空の飛行を禁止しています（管制についてはｐａｒｔ３でくわしく紹介します）。

飛行が禁止されている区域には、その上空を飛ぶことが全面的に禁じられている「飛行禁止区域」と、一定の条件下において禁止する「飛行制限区域」があります。該当する区域は、事前に協議して決まるほか、緊急の場合などは、リアルタイムで変更されることも

国内の飛行禁止区域と飛行制限区域の例

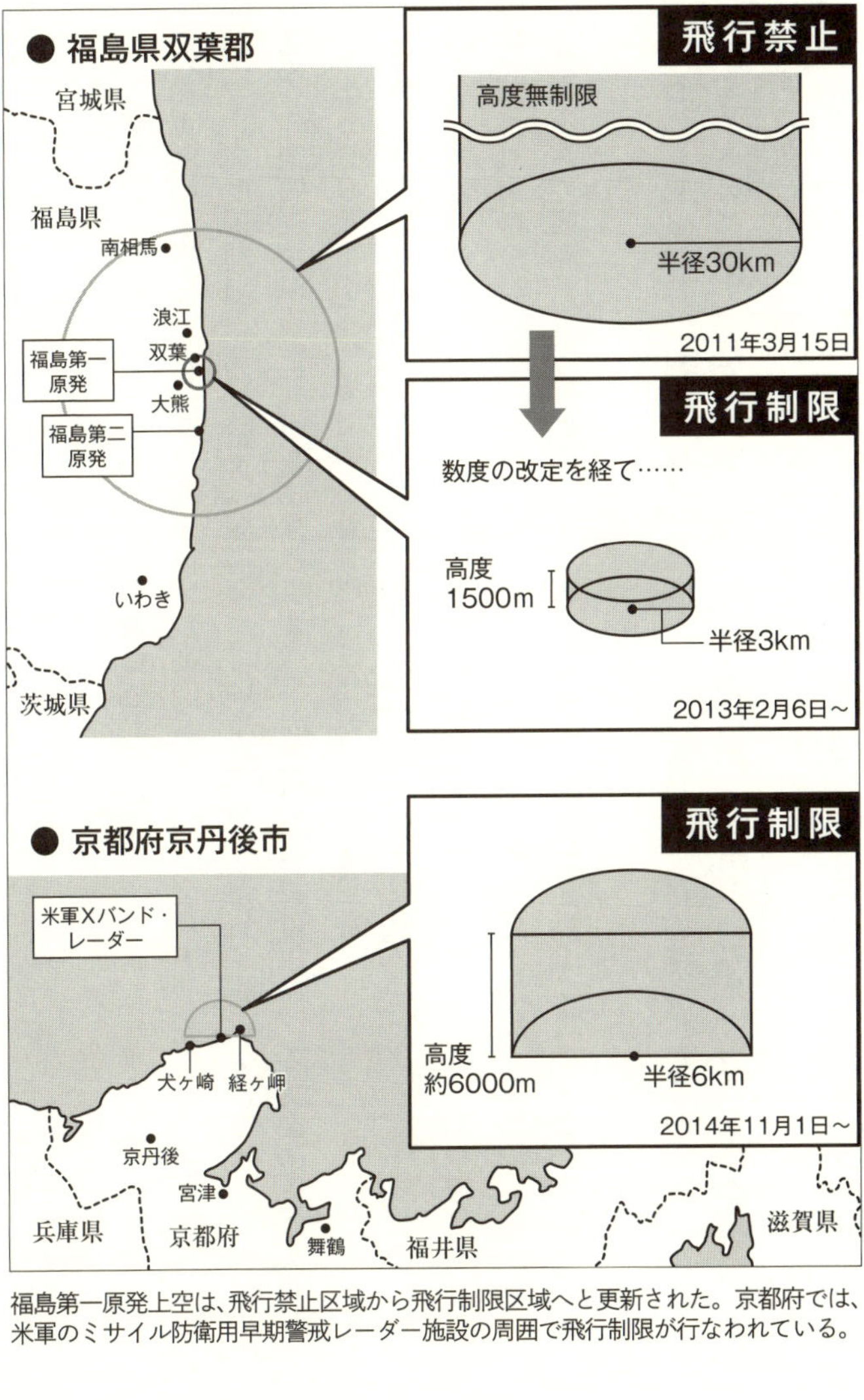

福島第一原発上空は、飛行禁止区域から飛行制限区域へと更新された。京都府では、米軍のミサイル防衛用早期警戒レーダー施設の周囲で飛行制限が行なわれている。

あります。ただし、救急医療へリコプターといった救助や捜索のための飛行は禁止されません。

飛行の禁止区域は、状況に応じて適宜見直されています。たとえば東京電力福島第一原子力発電所の上空は、東日本大震災後、数度の改定を経て2012年2月から半径3キロ圏内で、高度無制限の飛行禁止区域になっていました。しかし、放射線のモニタリングや上空での空間線量率の推計の変化などにより、高度制限が緩和され、高度5000フィート（1500メートル）までの飛行制限区域に変更されました。

また、大きなイベントがある場合などは、一時的に飛行制限区域が設定されることもあります。たとえば、2008年に開催された北海道洞爺湖《とうやこ》サミットでは、航空機によるテロの防止対策の一環として、サミットの会場となった「ザ・ウィンザーホテル洞爺」を中心とする半径25海里（約46キロ）の円内を、高度を限定せず、4日間だけ飛行制限区域としました。

飛行の禁止区域は、自治体などと協議して決まるため、自治体などからの要請により変わることもあります。たとえば、国交省は千葉県と浦安市からのリクエストにより、羽田空港再拡張後の飛行ルートを修正しました。

浦安市といえば東京ディズニーリゾートです。東京ディズニーリゾートの上空は「東京進入管制区」という空域になっていて、最初の案では、南風の悪天時の場合、東京ディズニーリゾートの沖約300メートルを飛行機が飛ぶ予定でした。

しかしその後、滑走路の位置を7・5度傾け（回転させ）、進入方法を工夫して合計9・5度の角度をつけることで、東京ディズニーリゾート沖約2キロを通過するように変更されました（52ページ参照）。

先ほど紹介したように、日本の空の大部分は国交省が管理していますが、「非管制空域」という、自衛隊や米軍が管轄する空域も存在しています。自衛隊は、百里《ひゃくり》（茨城県）や浜松（静岡県）といった自衛隊の管轄空港や、札幌（北海道）、小松（石川県）、三沢（青森県）といった共用飛行場の一部、米軍は横田（東京都）、岩国（山口県）、嘉手納《かでな》（沖縄県）といった米軍の管轄空港とその周辺の空域を管理しています。

たとえば横田基地の上空は、民間の旅客機の飛行禁止空域ではなく、米軍側と協議をしたうえで、飛行経路が決まっています（110ページ参照）。一例として、羽田発伊丹《いたみ》・関空行きの便は、横田空域内を飛行しています。ただし羽田発中国地方・九州北部行きなどの便は、東京湾の上空で高度を稼ぎ（高度を上げ）、横田空域の上空1万9000フィート（約5700メートル）を飛ばなければならないため、航空交通量が増えた現在では、空の混雑の原因の一つとなっています。

ノンストップで飛び続ける「世界最長路線」の長過ぎる飛行ルート

世界でもっとも長い直行便は、どこを飛んでいるのでしょうか。

現在のところ、**世界最長の航空路はカンタス航空のオーストラリア・シドニー発米国・ダラス・フォートワース空港行きで、飛行距離は約１万３８００キロ、飛行時間は15時間ほど**。この長い距離を、総２階建ての大型機Ａ３８０で運航しています。

次いで、デルタ航空が運航する南アフリカ・ヨハネスブルグ―米国・アトランタ線、エミレーツ航空が運航するアラブ首長国連邦・ドバイ―米国・ロサンゼルス線などもロングフライトとして有名です。

かつては、シンガポール航空が運航するシンガポール発米国ニュージャージー州・ニューアーク行きが、飛行距離約１万５０００キロ、飛行時間19時間ほどの世界最長ルートとして知られていました。しかし、採算がとれず、現在は2番目に長かったロサンゼルス便とともに運休になっています。

ところが２０１６年2月1日、カンタス航空の世界最長路線を超える、長いフライトが

長距離の航空路例

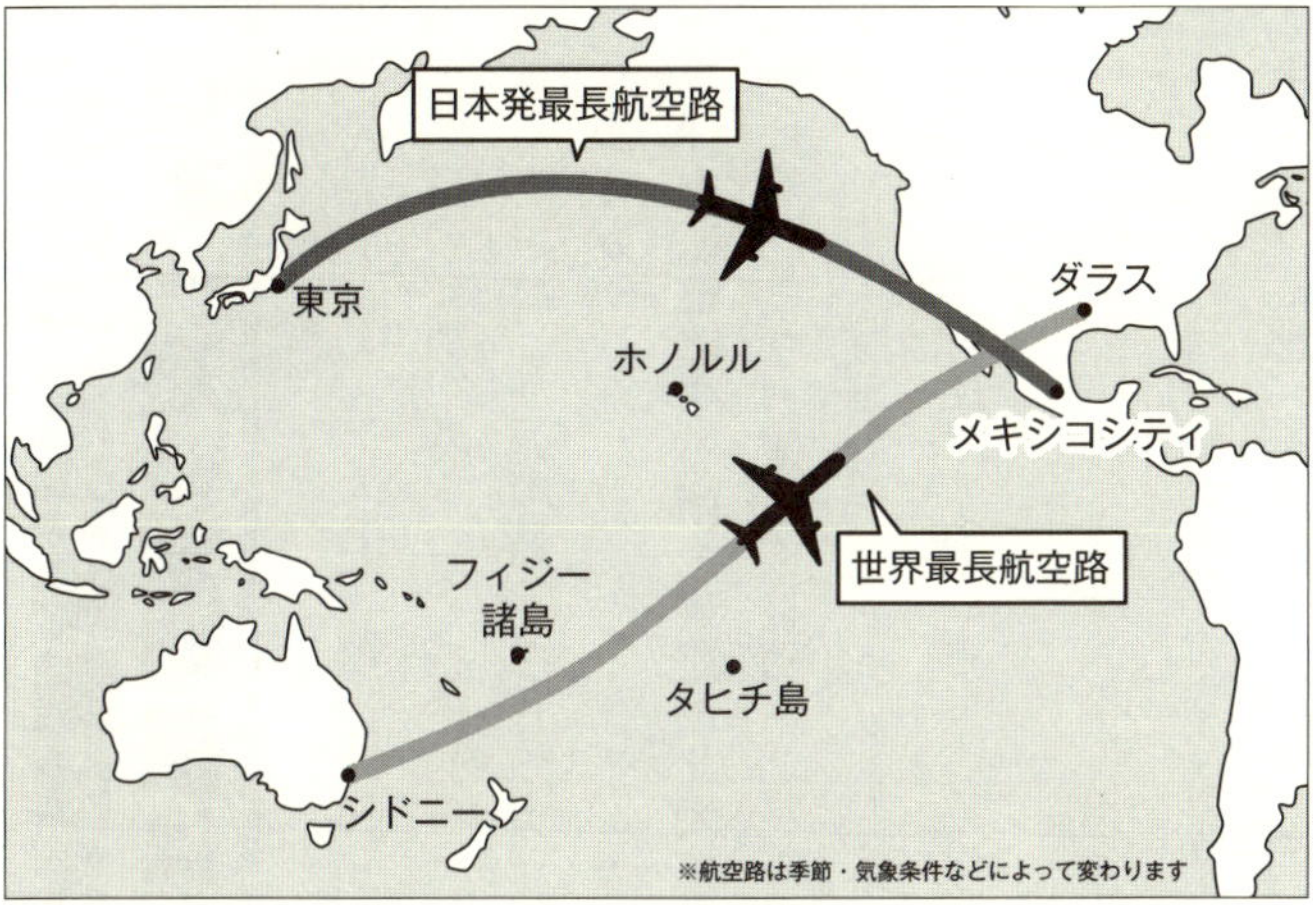

太平洋を横断する、飛行時間約15時間の世界最長航空路は、オセアニアの島々やメキシコ高原の上空を通過していく。日本発最長航空路は、もっと北側を横断。

誕生することになりました。ドバイを拠点にするエミレーツ航空が、**ドバイと中米パナマの首都パナマシティを結ぶ「世界最長の直行便」を就航**すると発表したのです。

飛行距離はカンタス航空とほぼ同じ約1万3800キロですが、飛行時間は17時間35分を予定しています。使用する機材はボーイング777－200LRで、毎日運航するとか。

ところで、日本から出発する最長のノンストップ便は、どこへ飛んでいるのでしょうか。答えは成田発メキシコシティ行きです。アエロメヒコ航空が、ボーイング787で運航していて、飛行距離は約1万1271キロ、飛行時間は13時間にもおよぶ長距離ルートを飛行しています。

「本日の飛行時間は3分の予定です」。日本一短い定期便は島民の「渡し船」

ＪＡＬ・ＪＴＡグループの一員として、沖縄圏の空を飛ぶ「琉球エアーコミューター」。沖縄本島の那覇《なは》空港をハブ（拠点）に、北は奄美大島《あまみおおしま》、東は南北大東島《だいとうじま》、南西方向には宮古島や石垣島、与那国島《よなぐにじま》などを結ぶ12路線を5機の飛行機で飛んでいます。

なかでも「日本一飛行距離の短い定期便」といわれるのが、**那覇から約３５０キロ東の太平洋上に位置する南大東島と北大東島を、1日1往復している定期便**です。両島のあいだは約12キロ。使用機材はボンバルディアの小型プロペラ機ＤＨＣ－８－Ｑ１００とＱ３００です。時刻表には「飛行時間15分」と書かれていますが、これは季節の風向きによって大回りしたときの時間。風向き次第では短縮コースをとり、ときには飛行時間が3分なんていうこともあります。

これならフライト時間より搭乗準備に時間がかかりますし、わずか12キロの距離なら、船を利用したほうが効率的だと思うかもしれません。しかし南大東島と北大東島は、どちらも周囲を岩肌に囲まれ、風の強い日は船が接岸を阻まれることも。そこでこの定期便が、

ボンバルディア DHC-8-Q300 の機体。DHC-8-Q100 型機と同じく、両翼に低騒音の４枚ブレードのプロペラを装備している。

島民の「生活の足」として誕生しました。

しかし、世界にはもっと飛行時間が短い定期便があります。スコットランドの航空会社ローガンエアーが運航する、**北部オークニー諸島のウェストレイとパパウェストレイを結ぶ便**です。

機材はブリテン・ノーマンBN−2アイランダーで、時刻表に書かれた飛行時間はなんとたった2分。風向きによっては最短で47秒で到着するそうです。

また、国際線ではエアベルリン・グループのLCCニキ航空が、オーストリアのウィーンとスロバキアのブラチスラバを結んでいます。飛行距離はおよそ48キロ、時刻表での飛行時間は20〜25分で、世界でもっとも短い国際線といわれています。

天気が悪い日は、飛行機の飛ぶ音が大きく聞こえる気がしませんか

雨が降っていて昼間でもなんだか薄暗かったり、霧で視界が悪かったり……。そんな日は、空を飛ぶ飛行機の音が、いつもよりうるさく感じることはありませんか。それは気のせいなどではなく、きちんとした理由があるのです。

たとえば、羽田空港で考えてみましょう。２０１０年、羽田空港で４本目となるＤ滑走路の供用がはじまり、離着陸機の飛行ルートが大きく変更になりました。飛行ルートを東京湾の上空に設定することによって、できる限り陸地への騒音の影響を軽減するためです。

そこで、パイロットが富津《ふっつ》岬《みさき》など地上の目標物を目で確認しながら飛行するという、日本で初めての飛行方式を採用した「富津沖海上ルート」が設定されました。

この飛行法は、パイロットの慣れがとくに必要です。また、東京湾の上空で雨や霧、雲などが発生して視界が悪くなると、富津沖海上ルートは使用できず、安全を確保するために、誘導の電波に沿って内陸部を通り、着陸することになります。

つまり、**天気が悪いと飛行ルートが変わるため、飛行機の音が大きく聞こえることがあ**

るわけです。

また、**気温も音の聞こえ方や伝わり方と関係しています。**音の波には、「温度の高い方から低い方へと曲がる」という性質があります。晴れた日の昼間は、空気は日差しによって暖められ、地表に近いほど温度が高く、上空へ行くほど温度は低くなっています。音の波は、温度の高い方から低い方へと曲がるので、音は横に伝わりにくく、温度の低い上の方に逃げます。

しかし、天気が悪いと地表の空気は暖められず、地表と上空の温度差が小さくなり、音が逃げにくくなります。また、前線が近づくと、上空に暖かい空気が入り込み、地上より気温が高くなることもあります。この逆転層が生じた場合、音は上に逃げるのではなく、横に伝わりやすくなるため、遠くの音がよく聞こえるのです。

逆転層は、前線が近づくときだけの特徴ではありません。冬の晴れた、風のない寒い朝にも起こります。地表付近に冷たい空気がたまり、上空は暖かい——この場合も音は上空に逃げず、横に伝わるため、遠くの音がよく聞こえます。

気温と音の広がり

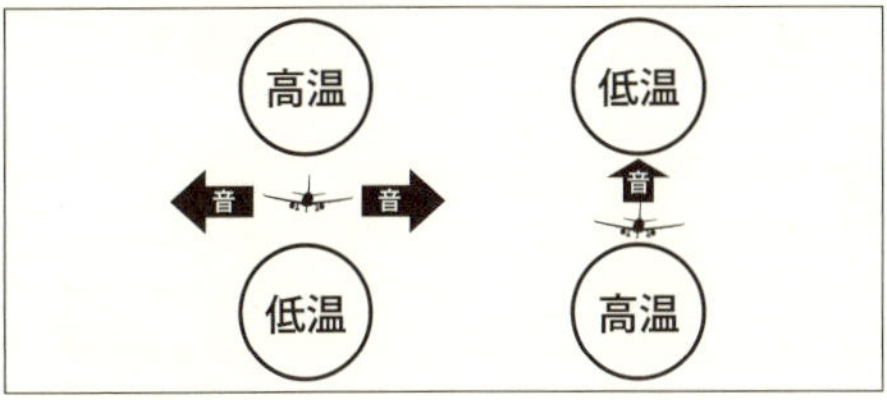

地表付近が低温の場合、音は横へと伝わりやすくなる。

世界の飛行機をスマホでチェック！アプリ「フライトレーダー24」がすごい

自分がいるこの場所の上空には、どんな飛行機が飛んでいるのだろう。いま飛んでいったあの飛行機は、これからどこへ行くのだろう。

そんな航空ファンのニーズに応えて、リアルタイムで飛んでいる飛行機の情報を、スマートフォンで簡単に見られるようにしたのが、バーチャル・エアトラフィックレーダー・アプリ「フライトレーダー24」です。

このアプリでは、**いま飛んでいる飛行機が移動するルートを、地図上でリアルタイムに追跡したり、GPS機能つきのスマホを空にかざして、飛んでいる飛行機を識別したりすることができます。**

そのほか、飛行機マークのアイコンをクリックすると、その飛行機の便名や機種名と機体登録番号、発着地、現在飛んでいる位置の緯度と経度、高度や速度、飛行ルートなどが即時に表示されます。

「フライトレーダー24」を開発したのは、スウェーデンの航空ファンが立ち上げた会社

スマホ向け「フライトレーダー 24」のおもな機能

有料版では、特定の飛行機の航空路を見たり、カメラでとらえた飛行機の情報を得たりすることができる。

です。飛行中のほとんどの機体は、空中衝突を防止するために無線機の一種であるトランスポンダを搭載し、地上の管制塔や周辺を飛ぶ飛行機に向けて「ＡＤＳ－Ｂ（Automatic Dependent Surveillance-Broadcast）」という信号を定期的に発信しています。

このＡＤＳ－Ｂや、アメリカの航空管制を司っている連邦航空局（ＦＡＡ）が発信したデータを受信した世界中のユーザーが、データをサーバに即時アップロードして、飛行機の情報がリアルタイムで反映されるしくみです。

パソコン版は無料、スマホアプリはiOSとAndroidに対応していて、有料版と、機能が限定された無料版があります。

東京五輪開催に向けて、新宿上空を飛ぶ新しいルートが羽田に誕生か!?

国土交通省は現在、羽田空港を離着陸する新しい飛行ルート案を検討しています。目的は、２０２０年に開催される東京オリンピック・パラリンピックまでに発着枠を拡大して、羽田空港の国際競争力を強化し、増え続ける外国人旅行者に対応するためです。

現在は、騒音の影響を軽減するために、東京湾を迂回《うかい》して海側から離着陸する飛行経路に限定されています。しかし、**新たなルートでは、東京の都心部上空を通ることを想定しています**。

羽田空港は南風と北風が多いため、新ルート案として、南風が吹いたときの着陸ルートは、新宿区上空の場合は高度約９００メートル、品川区の上空は高度約３００メートルを飛行します。北風の場合は、離陸ルートとして江戸川区上空の高度約１２００メートルを飛行することが検討されています。品川区の高度３００メートルは、隣の港区にある高さ３３３メートルの東京タワーより低いところを飛ぶことになるというわけです。

いまのところ、新ルートは、国際線の離着陸が集中する15時～19時のピーク時間帯、北

羽田空港離着陸便の新ルート案

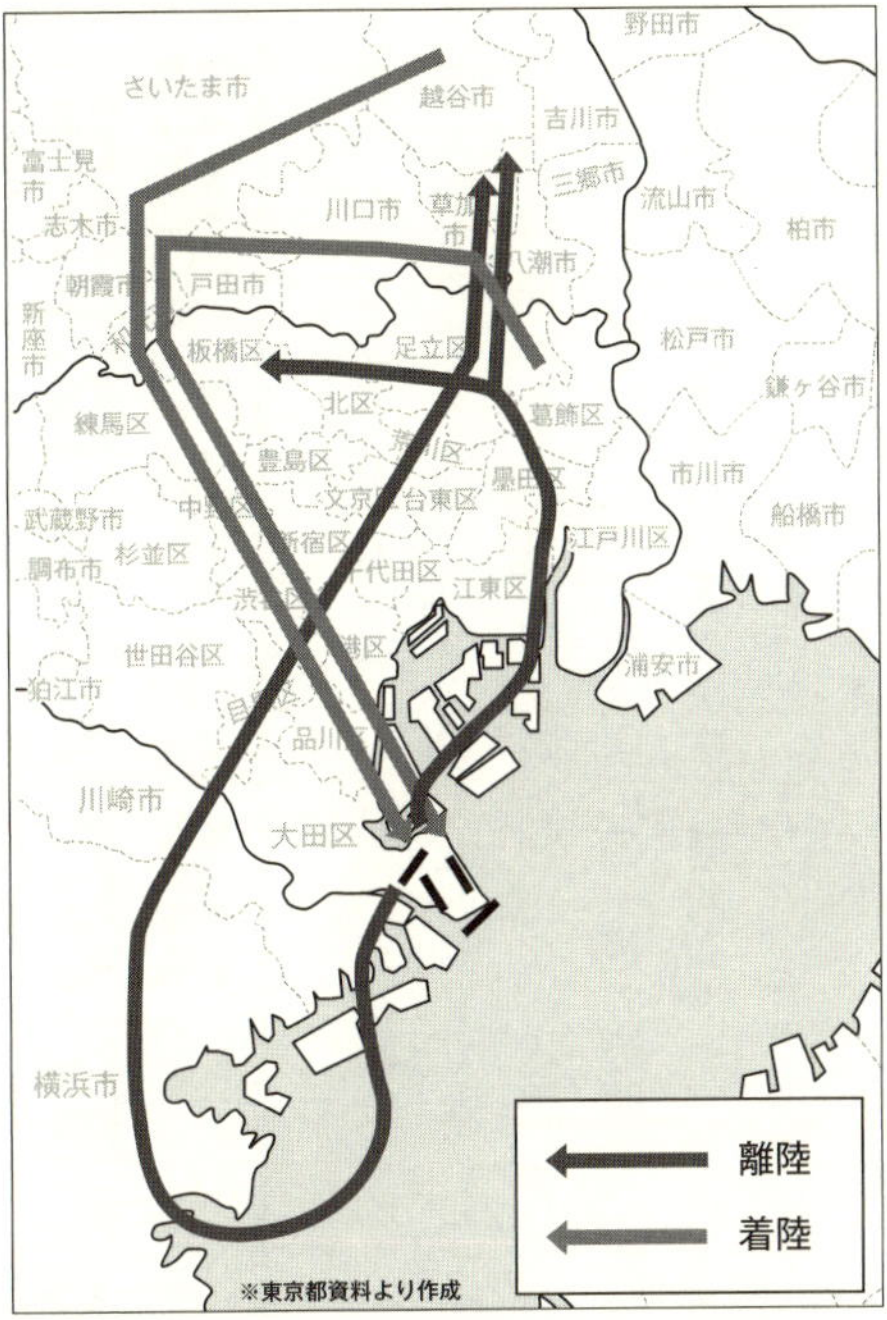

新ルート案では、これまでは避けられていた都心部の上空を飛ぶことが検討されている。

風が吹いた場合は、この時間に加えて出発便が集中する朝6時〜10時30分に限って使われる予定です。たとえば新宿区の場合、ピーク時間帯には、着陸する飛行機が、落合《おちあい》・西新宿地域の上空3000フィート（約915メートル）を1時間あたり44回、出発する飛行機は、四谷《よつや》・牛込《うしごめ》地域の上空8000フィート（約2440メートル）以上を1時間あたり24回飛ぶ見込みです。

羽田空港の1時間あたりの発着回数は、最大で約80回ですが、新ルート案が実現すれば90回まで増加が可能。また、深夜早朝時間帯以外の国際線の発着回数は、現在の年6万回から、2020年までには最大で約1・7倍の年9万9000回に増える予定です。

「空の道路」を守るために形を変更!? 恐竜型のユニークな橋

22ページで紹介したように、飛行機の巡航高度は約1万メートルと雲の上ですが、空港に離着陸する航空機は、空港周辺を低い高度で飛行します。安全な離着陸や飛行をするために、空港周辺の上空は、何も障害物がない状態にしておく必要があります。

そのため、**航空法には、空港周辺の一定の範囲で、建造物や植物の高さを制限する「制限表面」という決まりがあります**。静岡空港は、制限表面を越える立ち木があったために、開港を遅らせたことがあるほど。また、アドバルーンやラジコンなども制限の対象です。

制限表面は、大きく次の3種類に分けられます。

①空港に着陸するために最終的に進入する、または離陸直後に直線飛行する飛行機の安全を確保するための「進入表面」。

②着陸をやり直すための進入復行《ふっこう》（ゴーアラウンド）など、滑走路の側面方向へ移動する飛行機の安全を確保するための「転移表面」。

③旋回飛行（ホールディング）する飛行機の安全を確保するための「水平表面」。

制限表面のイメージ図

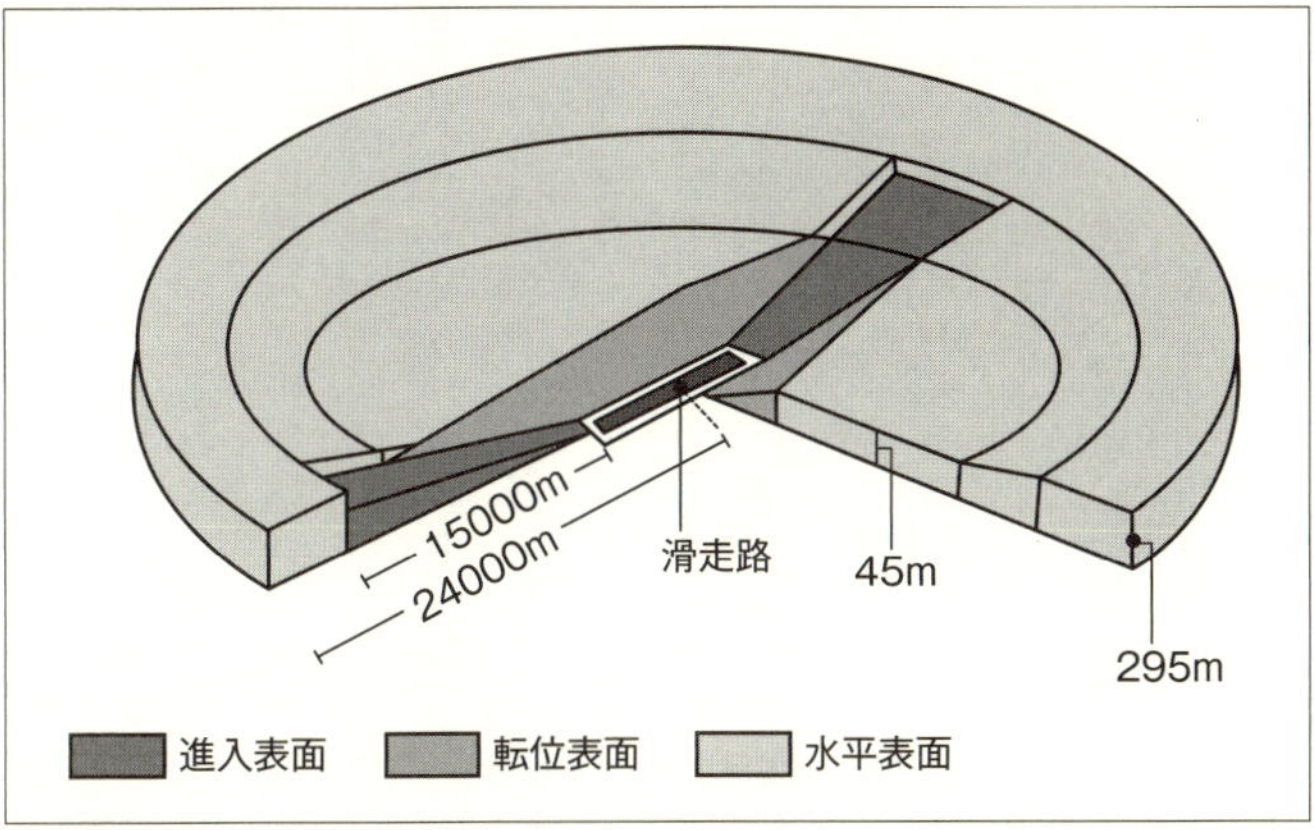

滑走路の前後には進入表面が、左右には転移表面が、その両方を囲むように水平表面が広がる。

2012（平成24）年に開通した東京ゲートブリッジ。羽田空港から6kmほどの位置にあるため、制限表面を考慮した形となった。

水平部分もありますが、おおむね空港の中心から外側に向けて制限が高くなっているのが特徴です。

東京航空局によると、建築物などの高さに制限のある地域は、東京都が大田区、品川区、港区、中央区、江東区、江戸川区、葛飾《かつしか》区、目黒区、渋谷区、千代田区、墨田区、足立区、台東区。神奈川県は横浜市と川崎市、千葉県は市川市、浦安市、船橋市、袖ケ浦《そでがうら》市、木更《きさら》津《づ》市、習志野《ならしの》市、市原市、君津《きみつ》市、富津《ふっつ》市です。

この飛行ルートの安全を守る決まりのおかげで、観光名所が誕生したのをご存じでしょうか。２０１２（平成22）年2月に開通した「東京ゲートブリッジ」です。

東京ゲートブリッジは、中央防波堤《ぼうはてい》外側埋立地と江東区の若洲《わかす》を結ぶ、長さ２６１８メートルの橋梁《きょうりょう》です。羽田空港に隣接していて、飛行機が上空を飛ぶために「制限表面」があります。また、橋桁《はしげた》の下は6万トン級の大型コンテナ船や大型客船が通行します。そのため、高い塔《とう》が必要になるレインボーブリッジのような吊橋《つりばし》や、横浜ベイブリッジのような斜張橋《しゃちょうきょう》ではなく、独特の「トラス構造」という建築方法が採用されました。

トラス橋は、三角形の基本構造をつなぎ合わせて造られる、古くからある橋の形式です。航空路のおかげで2頭の大きな恐竜が向かい合ったようなユニークなデザインになった東京ゲートブリッジ。東京湾の新たなランドマークとして人気を集めています。

part2

あれは何？
窓から見える建物や景色

窓側・通路側か、左右・前後か……。飛行機の席はどこがおすすめ？

飛行機に乗るとき、窓側に席をとりますか？　それとも通路側？

これは、人によって意見の分かれるところです。窓側も通路側も、それぞれに「よさ」があるからです。

旅行好きの人や航空業界の関係者は、飛行機に乗り慣れた人ほど「通路側」を選ぶことが多いようです。最大の理由は「席を立つときに、隣の人に迷惑をかけずに済むから」で、いちいちトイレに行くのに隣で寝ている人を「すみません」と起こすのは、たしかに気兼ねがします。

エコノミー席の場合は、「エコノミークラス症候群」防止のためにも、狭い空間にじっとしているのはよくありません。ときどき席を立って、通路を歩いたり軽い運動をしたりするためにも、通路側が便利だと考えるのでしょう。

けれどもこれは、海外へ向かう長距離便での話です。

国内の移動の場合はどうでしょう。せいぜい1時間半か2時間程度のフライトなら、ト

富士山が見える国内線のおもな航空路

羽田	→	福岡	左	羽田	→	熊本	左
福岡	→	羽田	左	熊本	→	羽田	左
羽田	→	伊丹	右	羽田	→	広島	左
伊丹	→	羽田	左	広島	→	羽田	左
羽田	→	那覇	右	羽田	→	小松	左
那覇	→	羽田	左	小松	→	羽田	左
羽田	→	鹿児島	右	羽田	→	長崎	左
鹿児島	→	羽田	左	長崎	→	羽田	左

※航空路は季節・気象条件などによって変わります

羽田から伊丹、那覇、鹿児島へと行く便は右側に富士山が見えるが、羽田から福岡、熊本、広島などへ行く便は左側に見える。

富士山が見える距離で飛ぶJAL機。羽田から西へ向かう便では、ほとんどの便で富士山を見ることができる。

イレは出発前に空港で済ませておけば機内で席を立つ必要もありません。国内線に限っては、窓側派がぐんと増えるといいます。

カップルなら隣同士の席を選ぶのでしょうが、友だちや職場の同僚との旅だと、縦に並ぶように、窓側の席をとる人たちもいるそうです。それぞれに機窓からの景色を楽しみながら移動したいと思うのでしょう。

国内線を利用するときは、彼らのように「絶対に窓側席！」と決めている人が少なくありません。天気がいいと、地図を見ているように眼下には小さな島や海岸線に突き出た岬、山脈などの絶景が見えます。

ただ、**景色を楽しみたいなら、飛行機の左右どちらの窓側をとるのかも重要です**。チェックイン時に窓側を希望しても、左右のどちらかを伝えない人がいます。たとえば、羽田から西（関西や九州）へ向かう便では、空から見下ろす雄大な富士山こそが最大の絶景ポイントです。その富士山を見るのに、同じ窓側でも右側に席をとるか左側がいいかという大事なことを、忘れている人が多いのです。

では、羽田から関西に向かうときは、どちらに座れば富士山が見えるのでしょうか。答えは「右」です。羽田を離陸後、十数分で左手に伊豆半島が、そして間もなく右手に富士山のすそ野が視界に現われます。富士山が見える日はコクピットからのアナウンスでも教えてくれることが多いので、うっかり見過ごすこともありません。その後は、同じ右側の窓から知多《ちた》半島が、反対の左側では志摩《しま》半島が楽しめます。

羽田から九州方面に飛ぶ場合はどうでしょう。熊本行きでは、富士山が見えるのは関西行きと同じ右側で、福岡行きの便では反対に左側からになります。同じ九州でも、行き先によって、左右が変わるのです。富士山はなんど見ても、飽きることがありません。季節によってまったく表情が変わり、夏場の富士山も雄大ですが、冬場に雪化粧した山頂が見える様子も感動的です。

さて、窓側席なら、前列でも後列でも大丈夫なのでしょうか？富士山の見え方自体は変わりませんが、**おすすめは主翼より前方の席です**。後方だと、エンジンの排気がかかって景色がクリアに見えないことがあるからです。主翼の真上も視界が遮られてしまうので、景色を楽しみたいときは避けましょう。

あいにく主翼前方のシートがすべて埋まっていた場合は、機体の最後尾を予約するといいかもしれません。最後尾ならエンジンの排気もあまり気になりませんし、比較的すいていて、ゆったりできることも多いからです。また、羽田行きは駿河《するが》湾の上空を通るルートをとるため遠景になってしまうので、富士山ウォッチングは羽田発がねらい目です。なお、飛行ルートは天候によって変更になる日もあるので、要注意。

ディズニーリゾートの上空は飛べない？
羽田空港の発着ルートの不思議

国内の移動で一番多くの人たちに利用されるのが、羽田空港です。羽田は「日本の空の玄関口」であり、ここから向かう先も北から西、南までいろいろ。機窓からの眺めもそれぞれに特徴があり、フライトの楽しさを倍増させてくれます。

羽田から出発する便は、北（北海道・東北方面）と西（関西・中国・四国・九州方面）、および南（沖縄方面）の大きく三つのパターンに分かれます。たとえば西行きの便は、北側から南側に離陸後、右に大きく旋回して東京の都心部に針路を向けて上昇。遠くに東京スカイツリー、皇居、新宿副都心の高層ビル群などを見ながら進みます。

一方、各地から羽田に到着する便は、西から来るフライトはすべて房総《ぼうそう》半島に向かって徐々に高度を下げていきます。出発便は丹沢山《たんざわさん》を左手に望みながら進みますが、到着便は房総半島を北上しながらさらに高度を下げ、千葉市上空で左旋回して羽田へ。右側の窓からは花見川《はなみがわ》河口やヨットハーバー、幕張メッセなどが広がり、B滑走路に最終進入する到着便では、左旋回後に東京湾の新しい名所である東京ゲートブリッジが見えてきます。

羽田空港周辺の航空路の概略図

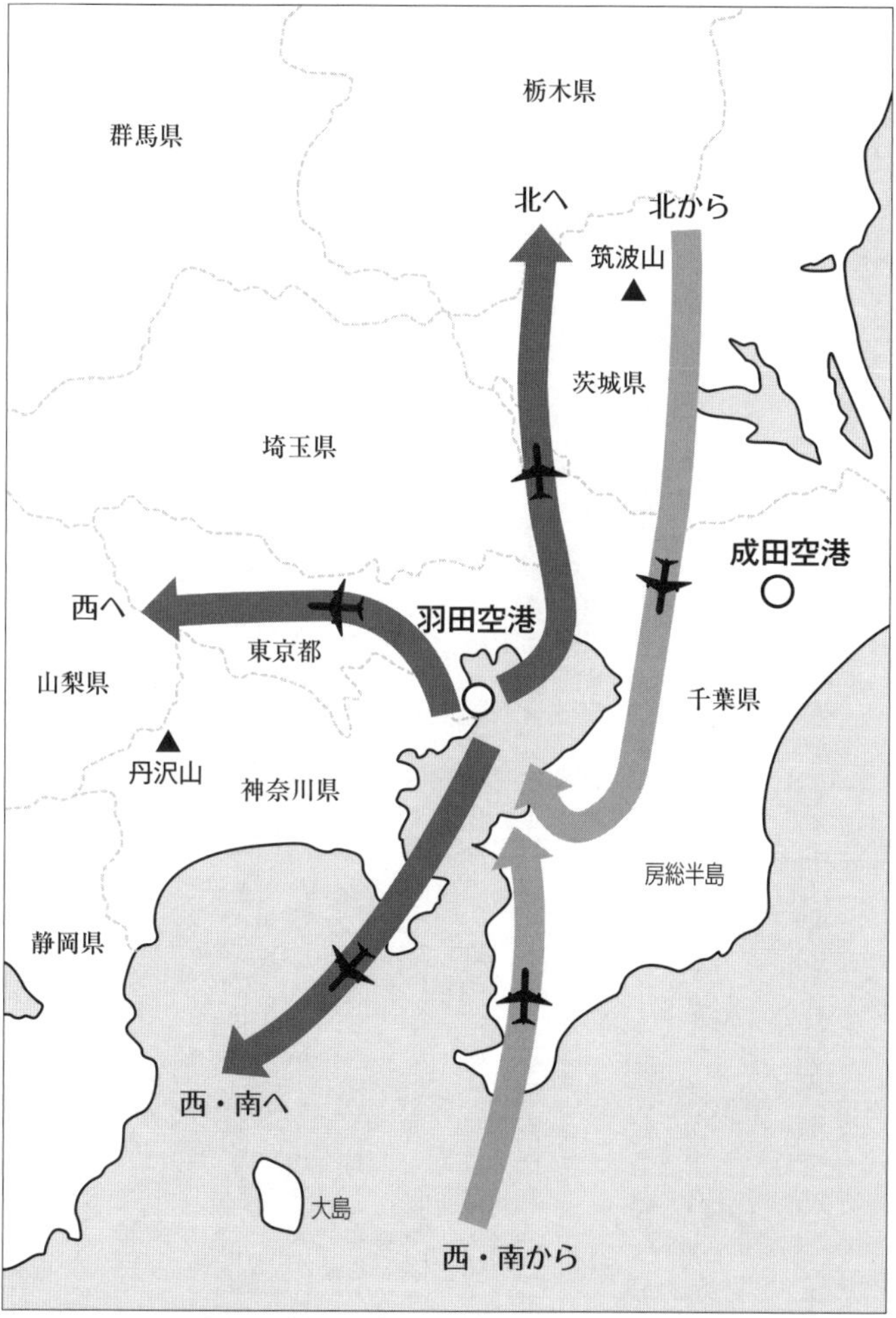

羽田空港からの出発便は大きく三方向へと進む。一方、到着便は、房総半島から東京湾へと進むルートをとる。

また北海道・東北方面から羽田に来る便は、霞ヶ浦《かすみがうら》から九十九里浜のあたりは飛行しません。そのエリアは、成田を発着する便の航空路になっているからです。新千歳から羽田に向かう夕方のフライトでは、到着直線に東京湾や都心の美しい夜景が見え、大都会に帰ってきたことを実感させてくれるでしょう。

羽田空港を利用する人なら、いちどは考えるのが、「離陸して東京ディズニーリゾートの上空を通過していく便はあるのか」ということではないでしょうか？　残念ながら、答えは「ノー」です。旅客機が東京ディズニーリゾートの真上を飛ぶことはありません。

32ページで紹介したように、東京ディズニーリゾートの上空は「東京進入管制区」が管轄する空域です。羽田空港を発着する便は、騒音防止などの理由で都心や住宅街の上空を避けて飛ぶルートが組まれています。**東京ディズニーリゾートのある浦安市も人口が多いため、その上空は避けて通るルートが組まれている**のです。

羽田空港に4本目のD滑走路を建設する際に、新しい飛行ルートが検討されたことがありました。東京ディズニーリゾートや浦安市の上空を通る案も、そこに含まれていたのです。しかし、千葉県や浦安市からは反対の声がわき起こります。住民の生活を守る、という理由のほか、東京ディズニーリゾートが千葉県にとって重要な観光資源であることも影響していたようです。

国土地理院が公開している東京ディズニーリゾートの空中写真。通常、飛行機がリゾート上空を飛ぶことはできない。

国内外から多くの人たちが訪れる観光地の上空を羽田を飛び立った旅客機が次々と通過すれば、騒音に悩まされ、せっかくのレジャーが台無しになる――浦安市や千葉県などからの陳情を受けた国土交通省は、再検討を行なわざるを得なかったのです。

一部の報道では、アメリカのウォルト・ディズニー社からの「ディズニーランドの上空をジェット旅客機が飛ぶなんて非常識」という抗議に屈したという情報も流れましたが、真偽のほどはわかりません。

ただし、米国カリフォルニアのディズニーランドやフロリダのウォルト・ディズニー・ワールドの上空は、米国政府によって「飛行禁止空域」に指定されているのも事実のようです。

羽田ー新千歳線は美しく連なる東北の名山が見どころ

２０１４年度には８９０万人以上が利用した羽田ー新千歳線は、日本でもっとも多くの旅客が空を飛び、世界でもニューヨークーロンドン線と競い合うほどのシート数を持つ人気の路線です。また、エアバスからテクノジャンボまで、時間帯によってさまざまな機材が就航しているので、飛行機のバリエーションも楽しめます。

北海道へ向かう便は、羽田空港を離陸すると、東京湾上空のプルートポイントで北北東に左旋回し、規定の航空路に入ります。高度を上げた後、カイジポイントで左旋回して船橋付近を通過し、埼玉、千葉の県境付近に沿うように飛行。関東平野から山形市の上空を経由して、イメージとしては、ちょうど**東北地方の真ん中にある奥羽《おうう》山脈に沿って南北に縦断するようなルートで北に向かいます**。

東京湾から関東平野に入ると、数分で右手側に霞ケ浦《かすみがうら》、続いて筑波山《つくばさん》が見えてきます。筑波山は、すそ野にゴルフ場があるのが目印。霞ケ浦の奥に、ほぼまっすぐのきれいな海岸線が見えたら鹿島灘《かしまなだ》です。筑波山を過ぎると、左手側には那須《なす》連山が、右手側には阿武《あぶ》

羽田–新千歳の航空路イメージ図

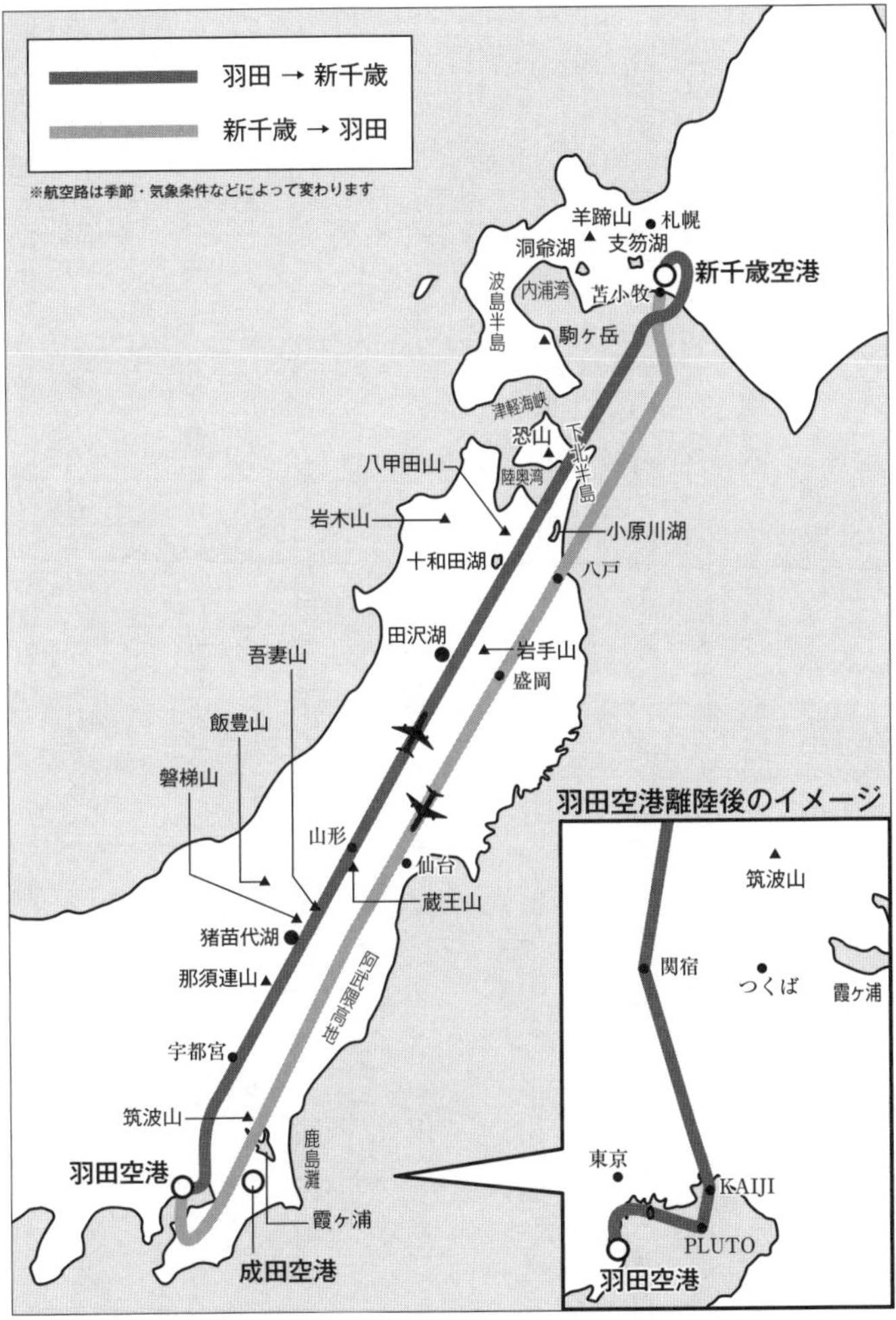

2015年10月の実際の航空路を略図化したもの。この路線では、東北の雄大な自然を望むことができる。

隈《くま》高地の風景が広がります。離陸から20分ほどで、左手側には大きな猪苗代湖《いなわしろこ》が見えてきます。猪苗代湖のすぐ先には、磐梯山《ばんだいさん》と吾妻山《あづまやま》があり、両山の奥には飯豊山《いいでさん》が見え、奥羽山脈の日本海側に連なる名山へと続きます。

吾妻山を過ぎると、右手側には蔵王山《ざおうさん》が見えます。蔵王山には「御釜《おかま》」と呼ばれる円形の火口湖があり、エメラルドグリーン色をした美しい湖面が見えることもあります。

飛行を開始して50分ほどすると、左手側は田沢湖を真下に望めます。猪苗代湖にくらべると三分の一ほどの大きさですが、比較的見つけやすい湖です。さらに10分ほど飛ぶと、「山」という漢字を逆さにしたような十和田《とわだ》湖上空と、その先にある八甲田山《はっこうださん》を通過します。八甲田山の奥には、岩木山《いわきさん》が見えます。

右手側は、田沢湖を過ぎてすぐに、円すい形がきれいな岩手山《いわてさん》が。十和田湖を過ぎてすぐに小川原湖《おがわらこ》が見えます。

陸奥湾《むつ》にさしかかり恐山《おそれざん》が見えはじめると、飛行機は徐々に高度を下げはじめます。下北半島と津軽海峡を越えると、空港の風が北寄りなら苫小牧《とまこまい》上空からまっすぐ滑走路へと向かっていきます。左手側は、北海道の渡島《おしま》半島が見えたら、駒ケ岳《こまがたけ》や、円く見える内浦《うちうら》湾《わん》、洞爺湖《とうやこ》、支笏湖《しこつこ》、遠くには羊蹄山《ようていざん》など、北の大地の名山・名湖が望めます。

機窓の風景を楽しむなら、午前中は左手側、午後は右手側がまぶしくなくておすすめで

新千歳に向かう便から見えた田沢湖。雪化粧した周囲の山々や、その奥には男鹿半島までが見える。

す。夕方以降の出発便なら、左手側からは夕陽も見えます。

新千歳発羽田行きの場合は、羽田発便の航空路よりも太平洋側を飛ぶため、東北の名山が集中する右手側がおすすめ。夏はもちろん、冬は雪化粧した山々が楽しめます。

北海道の玄関口である新千歳空港は、隣接する自衛隊が使用している千歳飛行場と合わせると、計4本の3000メートル級の滑走路が配置され、両側に計器着陸用の電波施設を有する、非常に設備の整った空港です（111ページ参照）。

冬季の運航は積雪が心配されますが、滑走路に雪が積もっても、除雪車が一斉に出動して滑走路から雪をとり除き、安全な定時運行を守っています。

太平洋を見下ろすか、日本海を眺めるか。新千歳空港の発着ルートと見どころ

羽田に次いで国内で2番目に利用者が多いのが、札幌の新千歳空港です。２０１１年７月には国内線ターミナルビルのリニューアルが完了し、ショッピングやグルメ、遊び、カルチャーなど、エンターテインメント性の高い空港に生まれ変わりました。

新千歳空港から本州や四国、九州・沖縄へのルートは、東北太平洋路線と中部・関西以西の路線の二つのパターンに大きく分かれます。

太平洋岸の岩手、宮城、福島への便は、往路・復路ともに東寄り（太平洋側）のルートで飛行します。それに対して、同じ東北地方でも日本海側の秋田や北陸、さらに中部地方や近畿地方、中国地方など関東以西の直行便は、いずれも青森県の上空を通過して日本海に沿うようなルートをとります。

太平洋と日本海ではずいぶん景色も変わるので、機会があれば両者を見くらべてみるのも楽しいでしょう。

便数が多い日本海ルートについて、もう少しくわしく見てみましょう。主要なルートは

二つあり、東北地方や中部地方へはやや内陸寄りを進むのに対して、北陸以西へは青森県の日本海側をかすめて日本海上空を佐渡《さど》に向かい、能登《のと》の上空から各地に分かれていきます。

では、国内線の最長航空路として知られる新千歳から沖縄県・那覇《なは》へのフライトはどのようなルートをとるのでしょうか。

新千歳を飛び立つと、鳥取県上空までは日本海側を飛行します。そこから中国地方を縦断して九州の大分県をめざし、さらに九州を縦断するように突っ切って薩南《さつなん》諸島上空へ向かいます。中国や四国、九州方面と北海道を直行便で結ぶ季節便やチャーター便も、鳥取県上空または福井県若狭《わかさ》湾の上空から北海道までは日本海に沿ったルートを飛ぶケースが多いようです。

東京、大阪、中部への路線を除くと、新千歳と本州以西の都市を結ぶ国内線は、それほど便数は多くありません。

しかし、若狭湾や能登半島より北の日本海側の航空路は、韓国や中国から東北や北海道を結ぶ飛行ルートとも重なっているため、上空はかなり混雑しています。また新潟県の上空は、シベリアを越えて欧州と日本を結ぶ日欧路線の航空路も交差しています。機窓からの風景だけでなく、上空で飛行機雲を見かけたら、同じ時間に近くを通過した便に思いを馳せてみるのもいいでしょう。

瀬戸内海のパノラマや夕日が美しい
ビジネス路線の羽田―福岡線

羽田―福岡線は、ビジネス需要の高い路線です。福岡空港の立地が市の中心部から近いという利便性のよさと、ほかの移動手段にくらべ時間が節約できるという優位性から、2014年度には、822万人以上が利用しています。

この路線は、**東京、名古屋、大阪といった大都市の景観と、富士山、日本アルプス、琵《び》琶《わ》湖、瀬戸内海など日本の美しい自然風景を、あますところなく楽しめます。**

羽田空港を離陸した飛行機は、巡航高度に達するまでぐんぐんと高度を上げていきます。東京都から山梨県へと進み、離陸から十数分で、左手側には富士山が見えてきます。日本のシンボルとして世界にも名高い名峰・富士山は、赤富士だったり、紅富士だったり、笠をかぶっていたりと、四季折々に表情を変え、飛行するたびに新しい発見があります。甲府地方気象台のデータによると、富士山の初冠雪の平年値は10月1日。秋のはじめに、早くも「富士の高嶺《たかね》に降る雪」を見ることができるのです。富士山を過ぎると、右手側には赤石《あかいし》山脈（南アルプス）や木曽《きそ》山脈（中央アルプス）といった山々の景色が広がります。

羽田–福岡の航空路イメージ図

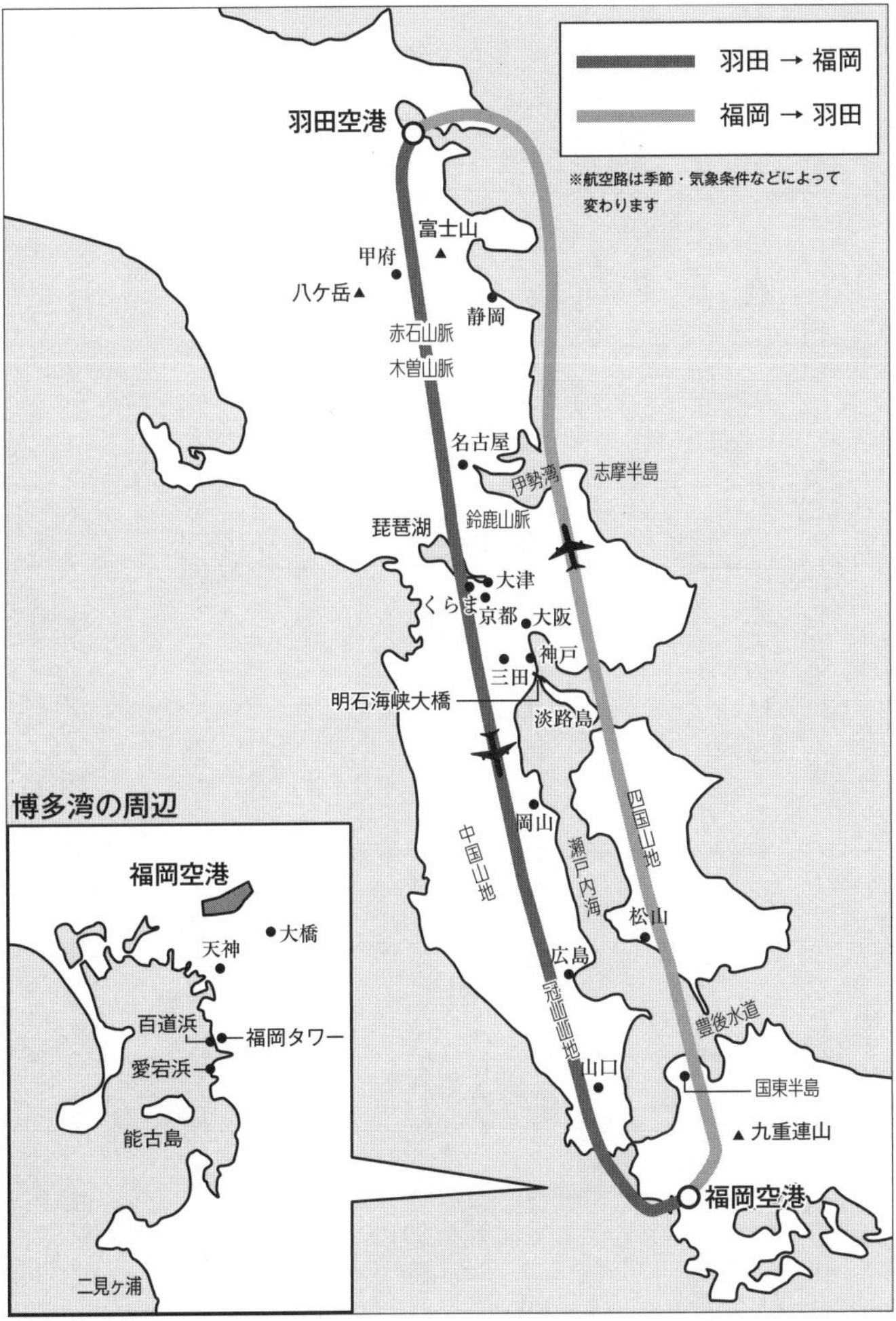

2015年10月の実際の航空路を略図化したもの。福岡へ行く便は、富士山の南側ではなく北側と飛ぶ。

飛行機は、離陸後約17〜18分で巡航高度約4万フィートに到達します。地上では雨が降っていても、雲の上はいつもいい天気。外気温度マイナス60℃、時速200キロを超える向かい風のなかを快適に巡航します。

愛知県の小牧《こまき》市上空に向かう航空路を進み、巡航開始後15分ほどで左側に名古屋の市街地が。その奥には、伊勢《いせ》湾を中心に知多《ちた》半島、中部国際空港、名古屋港、四日市から志摩《しま》半島までを眺めることができます。伊勢湾の先にある鈴鹿《すずか》山脈上空では、大きな積乱雲が発生し、西日による影が伊勢湾まで届くこともあります。

名古屋を過ぎると、10分足らずで近畿上空に差しかかります。琵琶湖は南側を通過するので、右手側の窓からのほうがその姿を楽しめます。滋賀県の大津《おおつ》市から、京都府の鞍馬《くらま》、兵庫県の三田《さんだ》市のあたりを通過するので、左側には大阪湾を望むことができます。淀川《よどがわ》を中心に広がる大阪市街、神戸や港湾のポートアイランド、その先には明石海峡大橋でつながった淡路島《あわじしま》の姿も見えてきます。

淡路島を越えると、左手側には播磨灘《はりまなだ》が広がり、小豆島《しょうどしま》、瀬戸内海に浮かぶ小島の数々と続きます。右手側は、中国山地の山並みが見どころです。

山口を越えて、本州を抜けると、福岡空港はもうすぐです。夕暮れどきに気象条件がそろうと、着陸する5分ほど前にすばらしい夕日に出会うこともできます。

福岡に向かう便から見えた、瀬戸内海に浮かぶ厳島（宮島）。広島の市街を越えるとすぐに見えてくる。

海風がよく吹いて天候が良好な場合は、「ビジュアルアプローチＲＷ《ランウェイ》34」という方法がとられることがあります。

海上から着陸する飛行機は、福岡タワーと百道浜《ももちはま》を右手に見ながら陸上に入り、天神、大橋の上空を通過し、都市高速2号線をかすめてＲＷ34と呼ばれる滑走路に着陸します。

運がよければ、手前から百道浜・愛宕浜《あたごはま》、右手に博多湾の真ん中に浮かぶ能古島《のこのしま》、「日本の夕日百選」にも選ばれた糸島《いとしま》市志摩町二見ヶ浦《ふたみがうら》へと続く絶景を機窓から眺めることができます。

福岡発の場合は、右手に九重《くじゅう》連山や豊後《ぶんご》水道、左手には国東《くにさき》半島から瀬戸内海、富士山などが見渡せます。

「キリン」「エビス」「ラガー」「モルツ」。「ビールの道」を通る福岡空港のルート

国内線の利用者が３番目に多い（２０１４年度）九州の福岡空港には、ウェイポイントに「キリン」「エビス」「ラガー」「モルツ」などの名前がついた、通称「ビールの道」と呼ばれるルートがあります。

航空路のうち、分岐点や空域の境界をまたぐ場所「ウェイポイント」には、どこもアルファベット５文字がつけられていて、ほかにもユニークな名前が少なくありません。北海道には「ＢＯＫＳＯ（牧草）」や「ＲＡＫＮＯ（酪農）」、大阪では「ＨＯＮＭＡ（ほんま）」「ＫＡＩＮＡ（かいな）」など。福岡周辺のビールの道も「ＫＩＲＩＮ」や「ＥＢＩＳＵ」などアルファベット５文字で表記されています。

ＥＢＩＳＵは、本当は「ＹＥＢＩＳＵ」としたかったところでしょうが、原則５文字という決まりがあるので仕方なかったのでしょう。

「キリンもサントリーもサッポロもあるのに、アサヒはないの？」

そう思う人もいるかもしれません。ご心配なく。探してみると、羽田空港に進入すると

「ビールの道」のウェイポイント概略図

福岡空港へと行く便が、つねに「ビールの道」を進むわけではない。また、上記以外にも、福岡空港周辺にはたくさんのウェイポイントがある。

きのウェイポイントにきちんと「ASAHI」もありました。

さて、**福岡空港から四国や本州、北海道方面へのフライトの見どころは、離陸して間もなく望める、山々の連なりが美しい中国山地や、瀬戸内海に浮かぶ島々の絶景でしょう。**

東北や北海道へ向かう便は、中国山地の上空を縦断する形で進んでいきます。

気象状況や空の混雑によって多少のルートの違いはありますが、一般に北行きの便では、右側席のほうが景観を楽しむにはいいでしょう。

一方、本州の太平洋岸の空港を結ぶ路線で「瀬戸内海を見たい」という人には、左側席がおすすめです。

約1時間のショートフライトながら新幹線とも競い合う人気の路線

羽田―伊丹線はビジネス需要が高く、新幹線と競合する路線ですが、２０１４年度の国内線旅客数ランキングで第３位、年間５２７万人以上が利用する人気路線です。約１時間という短いフライトではありますが、非日常的な空の旅を楽しめます。

羽田空港を離陸した飛行機は、神奈川県の三浦半島をめざします。木更津の手前の東京湾上空で旋回を続けながら、横須賀市の上空を経てだんだんと高度を上げていきます。通常のフライトでは、２万８０００フィート（約８５００メートル）が巡航高度ですが、空域の制約から、状況によっては低高度で一時的に水平飛行をするように指示されることもあります。

三浦半島の付け根付近を横断し、相模湾を越え、離陸後20～30分あたりで伊豆半島、駿河《するが》湾を横切ると、左手側には浜名湖が見えてきます。浜名湖を過ぎると、知多《ちた》半島の先端近くから伊勢《いせ》湾に向かいます。

ちなみに、この路線は富士山より太平洋側を飛ぶので、右手側の席から富士山を望むこ

羽田-伊丹の航空路イメージ図

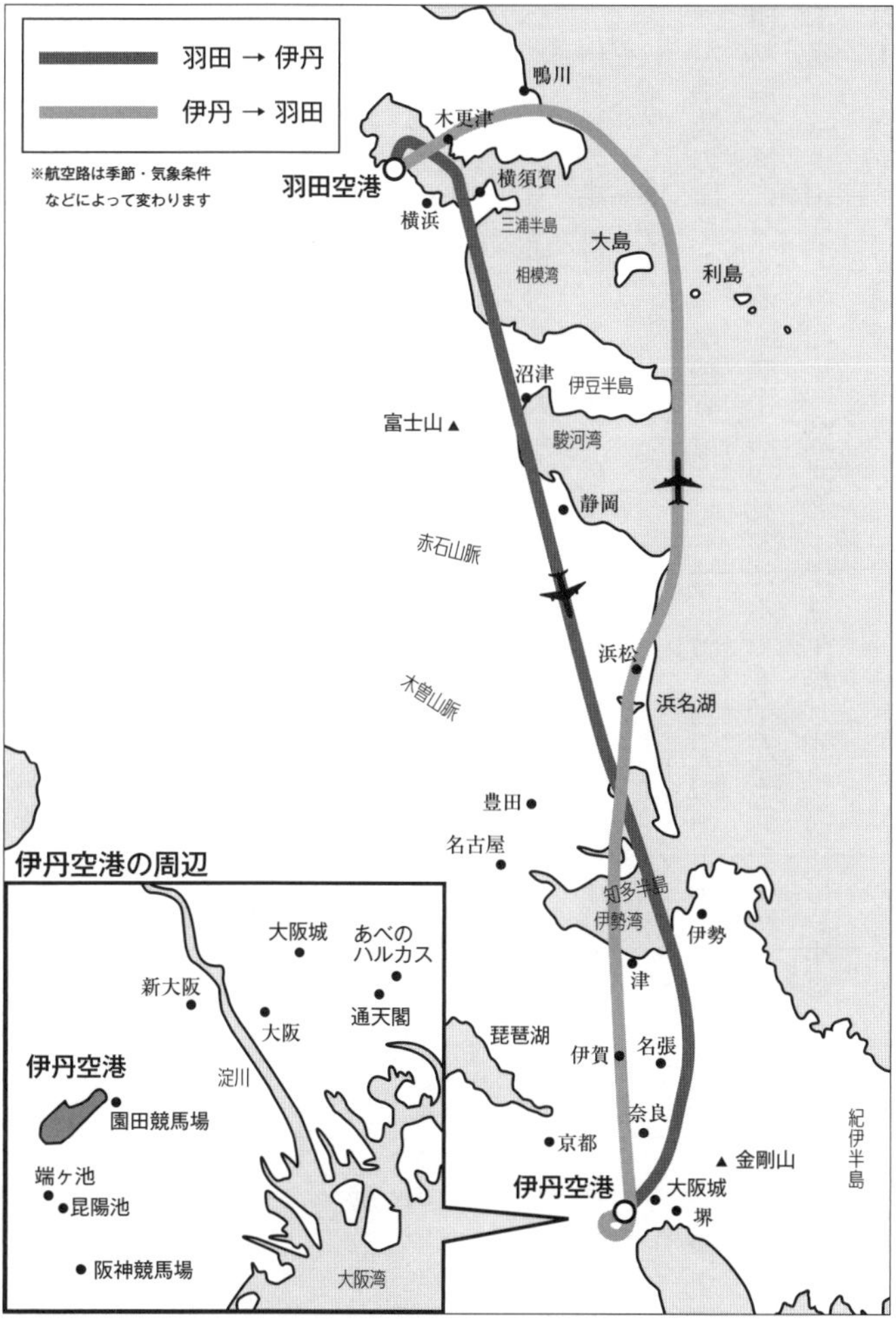

2015年10月の実際の航空路を略図化したもの。伊丹へ行く便は、福岡へ行く便とは違い、富士山の南側を飛ぶ。

とができます。赤石《あかいし》山脈や木曽《きそ》山脈の山並みも右側席から一望できるので、山を楽しむなら右側席、海が好みなら左側席がいいでしょう。

飛行を開始して40分ほど経ち、知多半島上の空を過ぎると、飛行機は巡航をやめて、降下を開始します。降下しながら、鈴鹿《すずか》山脈や奈良県と大阪府の境である生駒《いこま》山地を過ぎると、大阪の市街地上空にさしかかります。右手側には琵琶《びわ》湖の姿が、左手下には大阪城なども見えてきます。

伊丹空港は住宅地にあるため、アクセスがよいなど利便性が高い一方で、騒音防止のため、大型機の就航や夜間・早朝の離着陸が禁止されています。また、タイヤのついた脚を下ろすタイミングを通常より遅らせたり、夜7時以降は逆噴射の使用を控えたりするといった、騒音を軽減するための運航上のとり決めがたくさんあります。

伊丹発の場合は、紀伊半島の北部を横断し、伊勢湾の上空から浜松、大島を経て羽田空港に着陸します。

右手側の席なら、離陸直後に見える大阪湾や大阪の市街地、それに続く、紀伊半島や、伊勢湾の奥に見える志摩《しま》半島が見どころです。左手側からは、琵琶湖や、木曽山脈、赤石山脈、富士山などの山々、駿河湾、伊豆半島、相模湾、房総半島と次々に現われる、湾と半島の連続が望めます。

伊丹へ向かう便から見えた赤石山脈（南アルプス）。2000 ～ 3000m を越える山々の連なりに圧倒される。

伊丹へ向かう便から見えた伊勢湾。手前に伸びるのが知多半島で、中央に見える島には中部国際空港（セントレア）がある。

昆陽池の日本地図に注目しよう！
伊丹空港の発着ルートと見どころ

大阪の中心部に近い伊丹《いたみ》空港では、旅客機は北西に向かって離着陸するケースが多く、滑走路を飛び立つと六甲山を前にして左に大きく旋回して各地をめざします。

そのときに、あまり伊丹からの路線を利用したことのない人たちが驚くのが、眼下に見える不思議な風景。窓側に席をとって何気なく外に目をやると、日本列島全体がすっり視界に入ってくるのです。

離陸してすぐに？　まだそれほど高度を上げていないのに？　いえいえ、高度をどれだけ上げたところで、旅客機が飛ぶレベルでは日本列島全体を見渡すことなどできません。伊丹空港を離陸して見えてくるのは、空港から2キロほど西、伊丹の市街地にある「昆陽《こや》池《いけ》公園」につくられたミニチュアの日本列島です。

同公園の緑地の水面には、北海道、本州、四国、九州の四つの島が浮かんでいます。1972年に野鳥を呼べる公園として整備された際、ミニ日本列島も造成されました。地上に降りて、現地に出向いてみると、空からは小さくしか見えなかった日本列島が意外に

国土地理院が公開している昆陽池付近の空中写真。池の中央に日本列島のミニチュアが見える。

大きいのにびっくり。日本列島のまわりの池では、野鳥が優雅に水浴びしています。

列島の長さは250メートルほどあり、陸地からだと全体がどんな形をしているのか、うまく判別できません。空から見るからこそ、日本列島の形がわかるのです。空から見るから飛行機で旅する人たちだけが独占できる風景といえるかもしれません。

昆陽池公園はまた、地上から飛行機を見上げる絶好のスポットでもあり、カメラ持参の親子連れも訪れます。

飛行機はこの公園の真上で左旋回し、大阪湾に抜けていきます。そのときの旋回の角度によっては、翼の上面が見えることもあります。飛行機を斜め上から眺めているようで、すごい迫力です。

眼下に「四ツ葉のクローバー」が！
那覇空港の発着ルートと見どころ

沖縄といえば、青い海！　波間に揺れる船や白いビーチが間近に迫ってくると、何ともいえないリゾート気分が高まります。

とくに那覇《なは》空港から離着陸する便は、**空港から約10キロまでのエリアで高度３００メートルという低空飛行が義務づけられてきたため、航空や旅行のファンに人気でした。**その景色を楽しむために、わざわざ旅行先に沖縄を選ぶ、という人もいたほどです。

低空飛行が義務づけられてきたのは、もちろん乗客へのサービスのためではありません。那覇空港の近くには嘉手納《かでな》基地があり、そこを離着陸する米軍機と航路が重なるため、民間機の飛行高度が制限されていたのです。低空飛行はニアミス（異常接近）など安全面での懸念があるため、航空管制業務が米軍から日本に返還された２０１０年３月以降は、高度制限も少しずつ緩和されつつあります。

さて、那覇空港を飛び立つと、青い海とともに「四ツ葉のクローバー」が見つかることがあります。「あんな小さなものが上空から見えるの？」と思うかもしれませんが、機窓

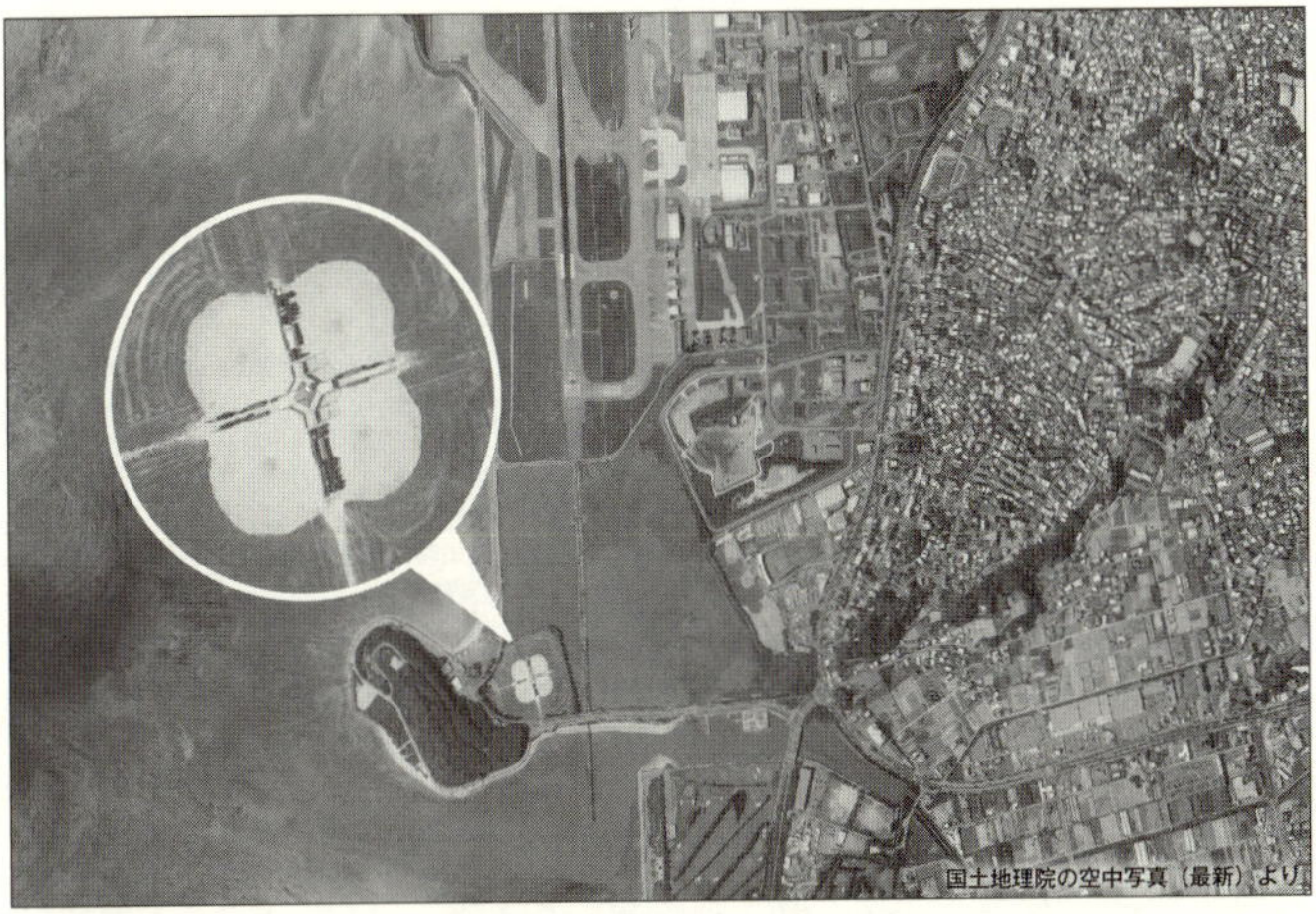

国土地理院が公開している瀬長島付近の空中写真。グラウンド４面の形が、クローバーのように見える。

から確認できる四ツ葉のクローバーは、超巨大！　一辺がざっと200メートルほどもあります。

じつはこれ、野球のグランドが4面集まって形づくられたもので、上空から見ると四ツ葉のクローバーにそっくりなことから話題になりました。那覇空港の滑走路のちょうど南側、本土から道路でつながった瀬長島《せながじま》にあります。南から北へ進入する際などに見えますので、着陸寸前に窓の外を覗いてみてください。隣の小高い丘に建つのは瀬長島ホテルです。

四ツ葉のクローバーは見つけると「幸運をもたらす」といわれますが、那覇のそれは巨大なだけに、より大きな幸せが舞い込むかもしれません。

アルプス横断の絶景に酔いしれる。山好き大満足の羽田―小松線

国内の空を旅客機で移動していると、四季折々の日本の美しさを再認識できます。

なかでも、**赤石《あかいし》山脈（南アルプス）や飛騨《ひだ》山脈（北アルプス）を間近に見下ろしながら飛ぶ羽田―小松線は、山好きならばいちどは乗っておきたいルートです。**１時間にも満たない飛行ですが、言葉を失うほどの絶景を機窓から楽しむことができます。

その飛行ルートを、くわしく見ていきましょう。

羽田空港を離陸し東京湾上空で左に旋回すると、間もなく左手前方に東京ディズニーリゾートが見えてきます。そこから北上して、船橋市付近のカイジポイントでさらに左旋回し、針路を横田方面へ。都心のビル群上空を進み、ＪＲ中央本線に沿うようにしてまっすぐに松本をめざします。

富士山の北側斜面を通過すると、右手に妙義山《みょうぎさん》や浅間山、さらに南アルプスや木曽《きそ》山脈（中央アルプス）の山々を見下ろしながら飛行を続けます。飛行する高度は８０００メートル程度なので、山の頂上がすぐ近くに感じるでしょう。迫力も満点です。

羽田-小松の航空路イメージ図

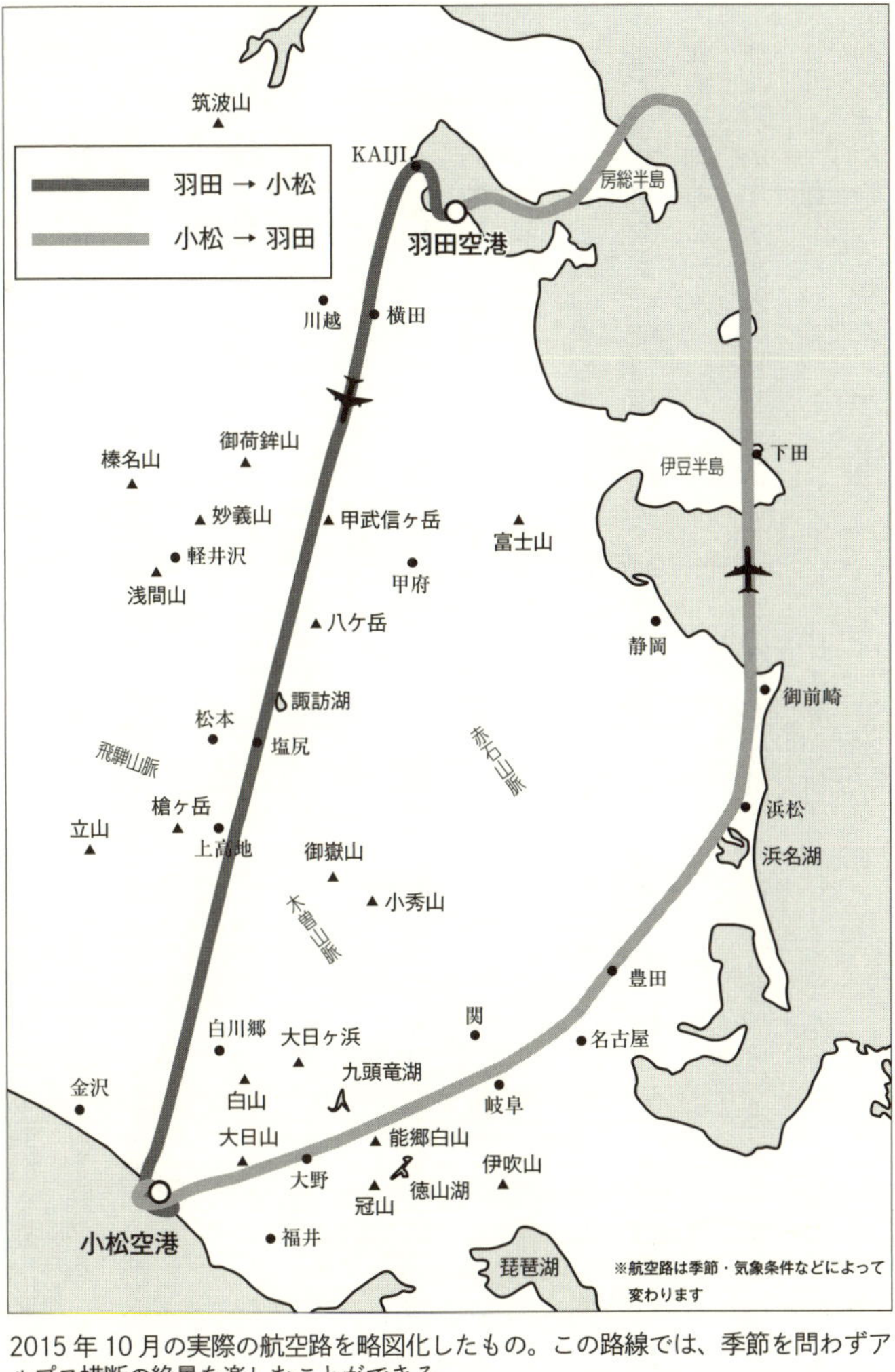

2015年10月の実際の航空路を略図化したもの。この路線では、季節を問わずアルプス横断の絶景を楽しむことができる。

松本空港を過ぎると、いよいよこのフライトのハイライト。右手に上高池や立山《たてやま》連峰を、左手には世界遺産の白川郷《しらかわごう》を、さらに高度を落としはじめたころから「日本三名山」の一つ白山《はくさん》を望むことができます。その後、飛行機は日本海上空に出て、小松空港への進入ルートに乗ることになります。

小松に到着したら、それで旅が終わるのではありません。楽しみは、まだ半分残っています。小松―羽田便は羽田―小松便とはまったく異なるルートで飛ぶのも特徴です。往路と復路で変化に富んだ景色を味わえるのもこの路線のうれしいところ。

小松から羽田に向かう際には、離陸してまずは福井に向かい、福井上空で左に旋回して名古屋（小牧《こまき》）をめざします。このときに機窓から見える白山や九頭竜湖《くずりゅうこ》なども、「じつに美しい」と乗客のあいだでは定評があります。

名古屋の中心部のやや北側を通過して天竜川を越えると、やがて浜松へ。その後は御前《おまえ》崎《ざき》を右手に見ながら駿河《するが》湾に出て、伊豆半島上空から房総《ぼうそう》半島へ向かい、東京湾を経て羽田空港に到着します。

北陸への出張が多いビジネスパーソンのなかには、「新幹線で金沢まで行けるようになっても、やっぱり飛行機での旅が楽しい。山の景色は季節によってもがらっと変わるし、何度乗っても飽きません」と話す人もいるほどです。

絶景を楽しめる山越えルートは、世界にも数多く存在します。

なかでも、**多くのファンが「死ぬまでにいちどは体験したい」というのが、中国国際航空が運航する四川《しせん》省の成都《せいと》とネパールのカトマンズを結ぶ路線**。飛行時間は、おおよそ4時間30分です。

成都を飛び立った旅客機は、中継地であるチベット自治区の中枢都市・ラサのラサ・クンガ空港にいちど立ち寄ります。ラサ・クンガ空港は富士山よりも高い、標高4004メートルの場所にあります。ここで燃料を補給し、ふたたび離陸すると、空気が薄いなか、エンジンを最大出力にして一気に高度を上げて急上昇。眼下に連なる8000メートル級の山々を見下ろしながら、ヒマラヤ山脈上空を通過していくのです。

壮大な山々を眺められるのは、まさにこの便に搭乗した人たちだけの特権です。だからこそ、世界中の旅行者が憧《あこが》れるのです。

「ヒマラヤ越えだけを目的に、毎年世界の各地からこの路線に乗りに来るお客さまも多いんですよ」

中国国際航空の担当者が、満足げにそう話していたこともありました。

次の海外旅行のプランをまだ決めかねている方は、いちどチャレンジしてみてはいかがでしょうか？

寒国の上空を通る便は、感動的な「光のショー」に出会えるチャンス

成田からニューヨークへ向かう夜の機内では、照明が落とされ、機内では眠りについている人も少なくありません。離陸してそろそろ8時間になろうとしているころ、バッグからカメラを取り出して撮影準備をはじめる人がいます。

「こんな時間に何を撮るのだろう?」

多くの人は、不思議に思うに違いありません。

すると、彼らはモニターに映し出された飛行経路マップを確認しています。飛行機は、アラスカのアンカレッジを過ぎ、カナダ・バンクーバーの北部を東に向かって進んでいるところ、カナダのイエローナイフ上空です。

時間帯は、ちょうど真夜中、天気は良好。窓のシェードを上げて北の空にレンズを向ける彼らの後ろで、いっしょに暗闇に目を凝らしてみましょう。待つこと約15分。やがて**はるか前方に見えてきたのは——そう、オーロラです**。

カナダやアラスカ上空を飛ぶ便だけでなく、北欧のフィンランドを拠点とするフィンエ

オーロラ発生のしくみ

● 太陽風と地球の磁場

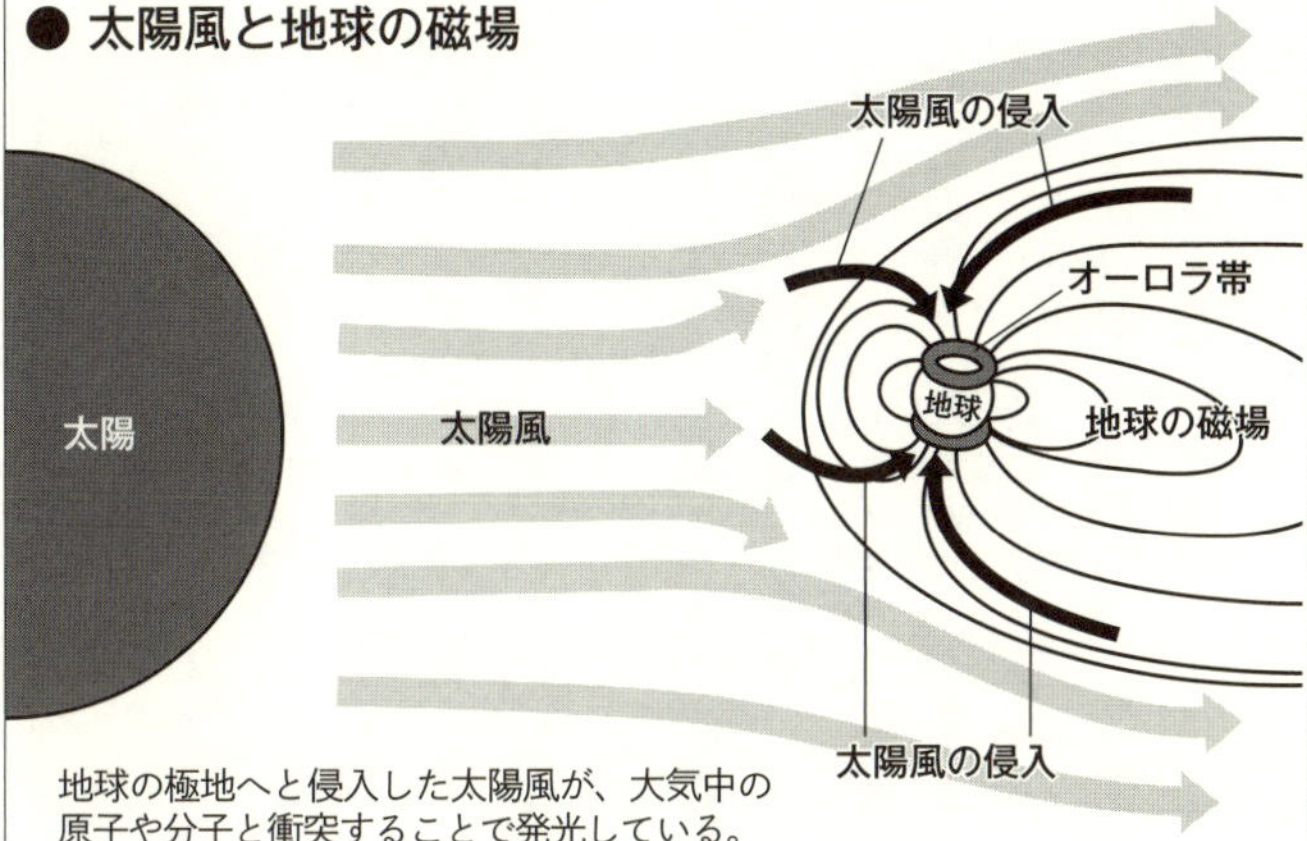

地球の極地へと侵入した太陽風が、大気中の原子や分子と衝突することで発光している。

● オーロラがよく現われる「オーロラ帯」

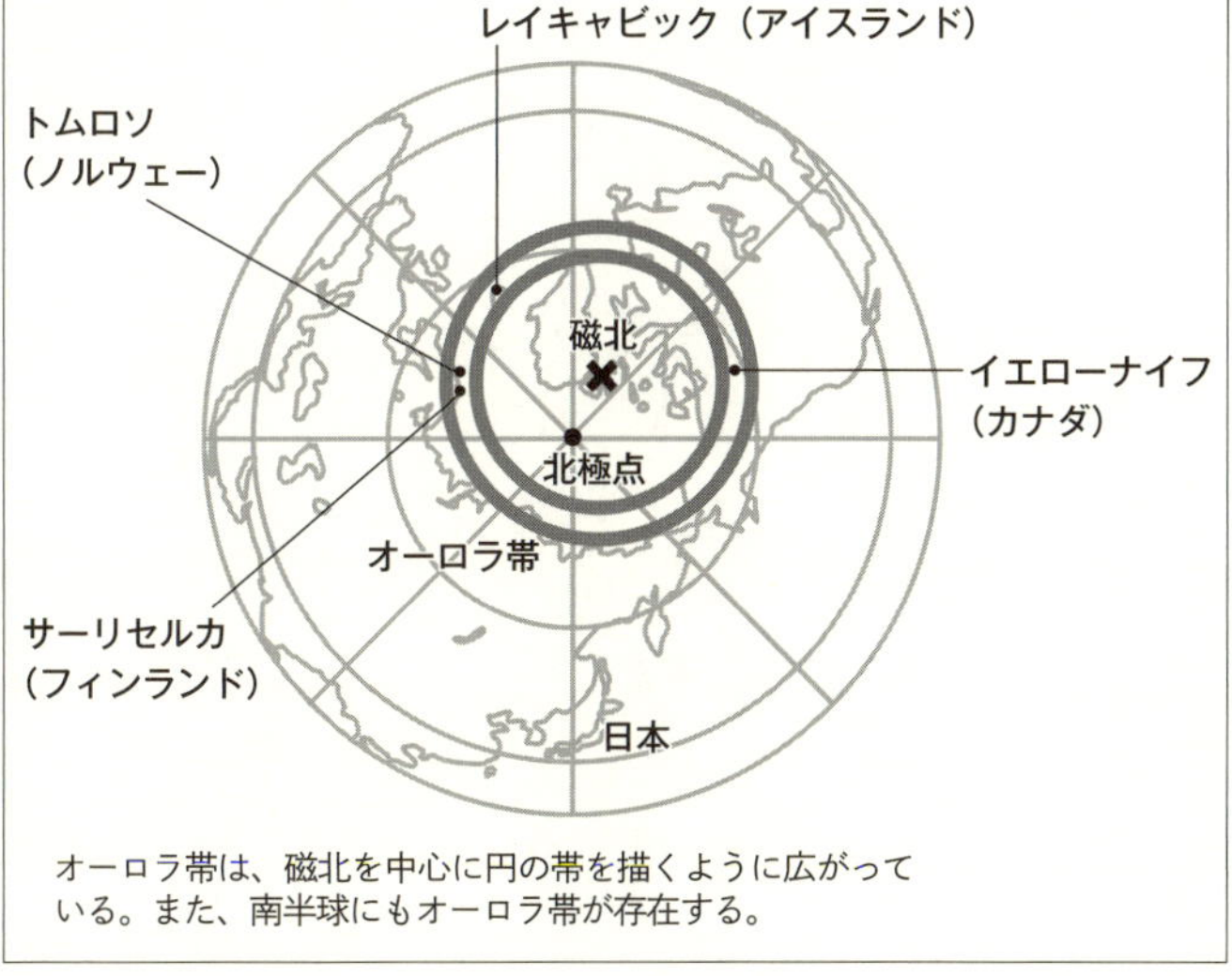

オーロラ帯は、磁北を中心に円の帯を描くように広がっている。また、南半球にもオーロラ帯が存在する。

アーなども、世界中の人が「一生にいちどは見てみたい」と夢見るオーロラに、身近に出会えるフライトをアピールしています。

機内で、こんな感動的な体験をしたことのある人もいるそうです。

ロンドンからの帰り、中継地であるアンカレッジを成田に向けて飛び立った直後のＪＡＬ機内でのこと。時刻は真夜中。シートの背もたれを倒して眠りについていた乗客は、機長の突然のアナウンスで叩き起こされました。

「オーロラです！　ただいま、窓の外にオーロラが見えます！」

オーロラ？　目をこすりながらブラインドを上げて外を見てみると、黒いマジックで塗りつぶしたような空間に、カーテン状の光の帯が音もなくゆらめいていたのです。純白のレースが目の前で大きく、優雅に波打ち、折り重なった部分は薄緑色の光を放っています。それはまさに、この世のものとは思えない光景だったといいます。

成田に到着後、乗客の一人が客室乗務員に
「感動的でした。機長にもよろしくお伝えください」

と声をかけると、彼女の顔に笑みがこぼれました。

「そういっていただけると、キャプテンもほっとなさるでしょう。迷惑ではなかったかと気にされていましたから。実際、ああやってお客さま全員にアナウンスで知らせるケースは、まれなんですよ」

北極地方を何度も行き来している機長にとっては、オーロラなどめずらしくもないはずです。アンカレッジ上空で遭遇したオーロラは、相当見事なものだったのでしょう。それだけに、あのときの機長の粋な計らいは忘れられない、という人も多かったに違いありません。フィンエアーのPR文句にもあったように、それが「一生にいちど」の夢であるなら、なおさらです。

では、オーロラに出会うなら季節はいつごろがねらい目なのでしょうか。

オーロラというと北国の冬の風物詩のように思っている人が多いようですが、じつはその光は、地球の極地を中心に1年中発生しています。以前、カナダ観光局が発信したニュースレターに、次のような話が載っていました。

「オーロラ発生率の高いカナダ極北地方では、夜の時間が短くなる夏至前後の5～7月を除いては、ほとんどのシーズンに見ることができます。そこでおすすめしたいのが、秋口のオーロラ観賞。寒さ対策を必要とせず、緑あふれる極北地方の自然を同時に楽しめるのもこの季節の魅力です」

しかし機内で見るなら、寒さ対策は必要ありません。北欧やカナダ、アラスカの上空を通過する便を利用する人は、オーロラとの遭遇をねらってみてはいかがでしょうか。

どれくらいの高さからなら、人やクルマは見えるものなの？

羽田空港を離陸して、窓の外に目をやると、上昇して高度が上がるにつれて空港の全体像が少しずつわかってきます。駐機エリアでいそがしく立ち働く人たちの姿を見て、航空の世界がいかにたくさんの人たちに支えられているかを知ることもできるでしょう。

さらに高度を上げていくと、東京の大都会が視界におさまってきます。縦横無尽に張りめぐらされた道路網を、いそがしく行き交うトラックやバス、タクシー、乗用車など。そのクルマの多さにもびっくりします。

そんな光景を見下ろすことができるのも、飛行機ならではですが、では人やクルマはどれくらいの高さからならきちんと見えるものなのでしょうか。

その人の視力や、近視・遠視などでも違ってきますが、ここでは「人の目はどれくらい先が見えているか」を判断するため、単純に「どのくらい先までピントを合わせ、人やクルマを見分けられるか」について少々考えてみましょう。

たとえば「1・0」の視力とは、「視角が1分（1度の60分の1）のものを見分られる場

人間の視力が見分けられる大きさ

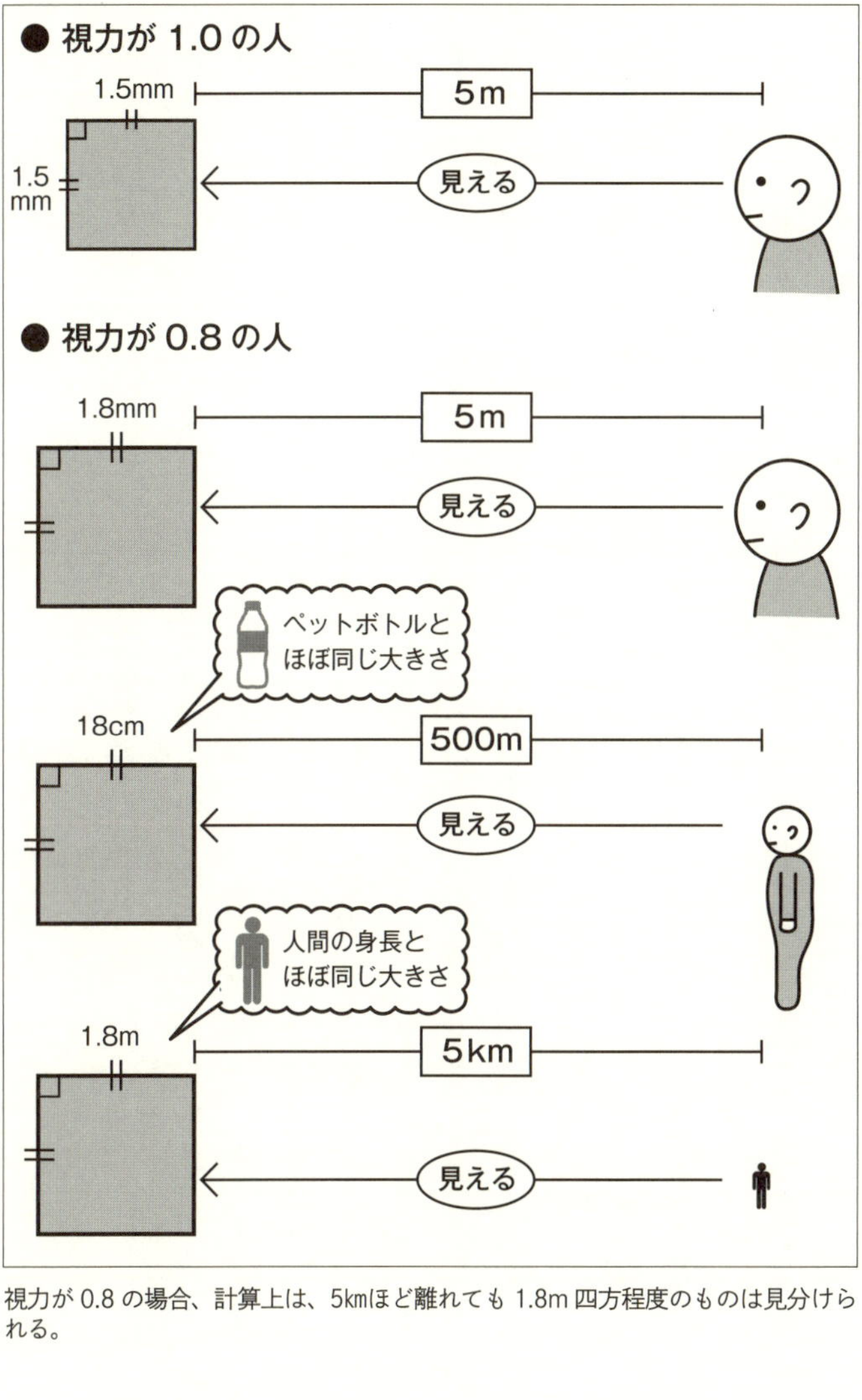

視力が 0.8 の場合、計算上は、5kmほど離れても 1.8m 四方程度のものは見分けられる。

合」と定義されています。視力は通常、5メートルの距離を置いて測定しますので、図のように1・0の視力の人は5メートル先にある1・5ミリのものを見分けることができます。

もう少し視力を下げて、0・8の人を例に考えてみましょう。0・8の人は、5メートル先の1・8ミリまでのものなら見分けられます。それを基準に計算していくと、500メートルまで離れると見分けることができるのは18センチに。5キロ離れても、1メートル80センチ程度までは見えるわけです。これがちょうど人間と同じくらいの大きさなので、**理論上は5000メートル上空からでも横になっている人を見分けることができます。**

クルマはどうでしょう。乗用車のフロントからリアまでの大きさは、4~5メートルあります。つまり、人間の身長の3倍近く。そうなると、上空1万5000メートルの高さからでもクルマが走っているのを認知できる計算ですが、実際はそうはいきません。雲やもやがかかっていたり、地上がクリアに見えないことも多いからです。

では、飛行機からはどれくらい遠くまで見通すことができるでしょうか。10キロ先か、50キロ先か、あるいは100キロ以上先でも可能なのでしょうか。大気差を含めずに考えてみましょう。

どのくらい遠くまで見えるかは、視点の高さと地球の半径で決まります。視点の高さをhメートル、その視点から地平線までの距離をdキロとした場合の計算式は、

高度と見通せる地点のイメージ図

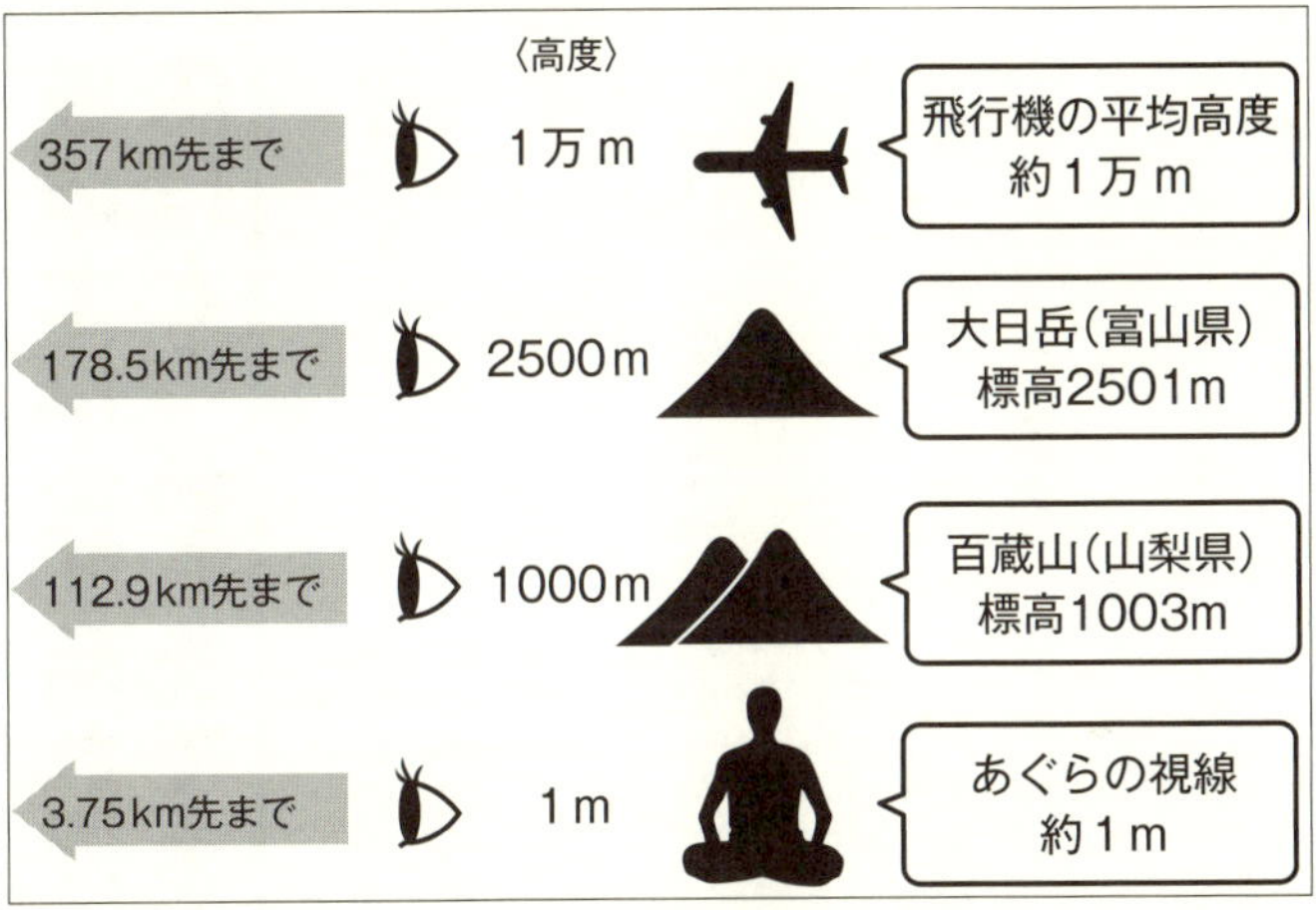

高度1万mでは、計算上は357km先まで見通せるが、実際には天候や大気差の影響を受ける。

$$d=3.57\sqrt{h}$$

つまり高さ1メートルのところに目があれば、3・57キロ先まで見える計算になります。

この数式を当てはめていくと、上空1000メートルの地点からは112・9キロ、2500メートルの地点からは178・5キロ、1万メートルの高さからは357キロ先まで見通すことができます。

地上のタワーでわかりやすく説明すると、空がクリアに晴れていれば、東京スカイツリーの第2展望台（高さ450メートル）からは約75キロ先まで、富士山の頂上（高さ3776メートル）からは約200キロ先まで見渡せます。

雲の上は必ず晴れ!? 雲はどの高さまで上がるの?

空が晴れ渡っていると、飛行機の窓からは変化に富んだ景色が楽しめます。

ですが、天気がいつも良好とは限りません。ときには曇りや雨で、せっかく窓側に席をとったのに、外は一面の雲海で何も見えないという日もあります。

上昇して雲を突っ切ってしまえば、そこから先は「晴れ」ですが、残念ながら眼下に見えるのは雲のかたまりだけ。がっかりして窓のシェードを閉めてしまう人も、ときどき見かけます。

そんなときは開き直って、雲の表情をつぶさに観察してみるのはいかがでしょうか。これも飛行機での旅だからこそできる経験です。普段は地上から見上げるだけの雲も、裏側(上空)に回ってみてみると、種類によってさまざまな形状があることがわかります。

ジェット旅客機の巡航高度は1万メートルほどですが、積雲や積乱雲はそれよりも高い場所に発生していることも少なくありません。その場合、パイロットは雲をよけて迂回するコースをとります。

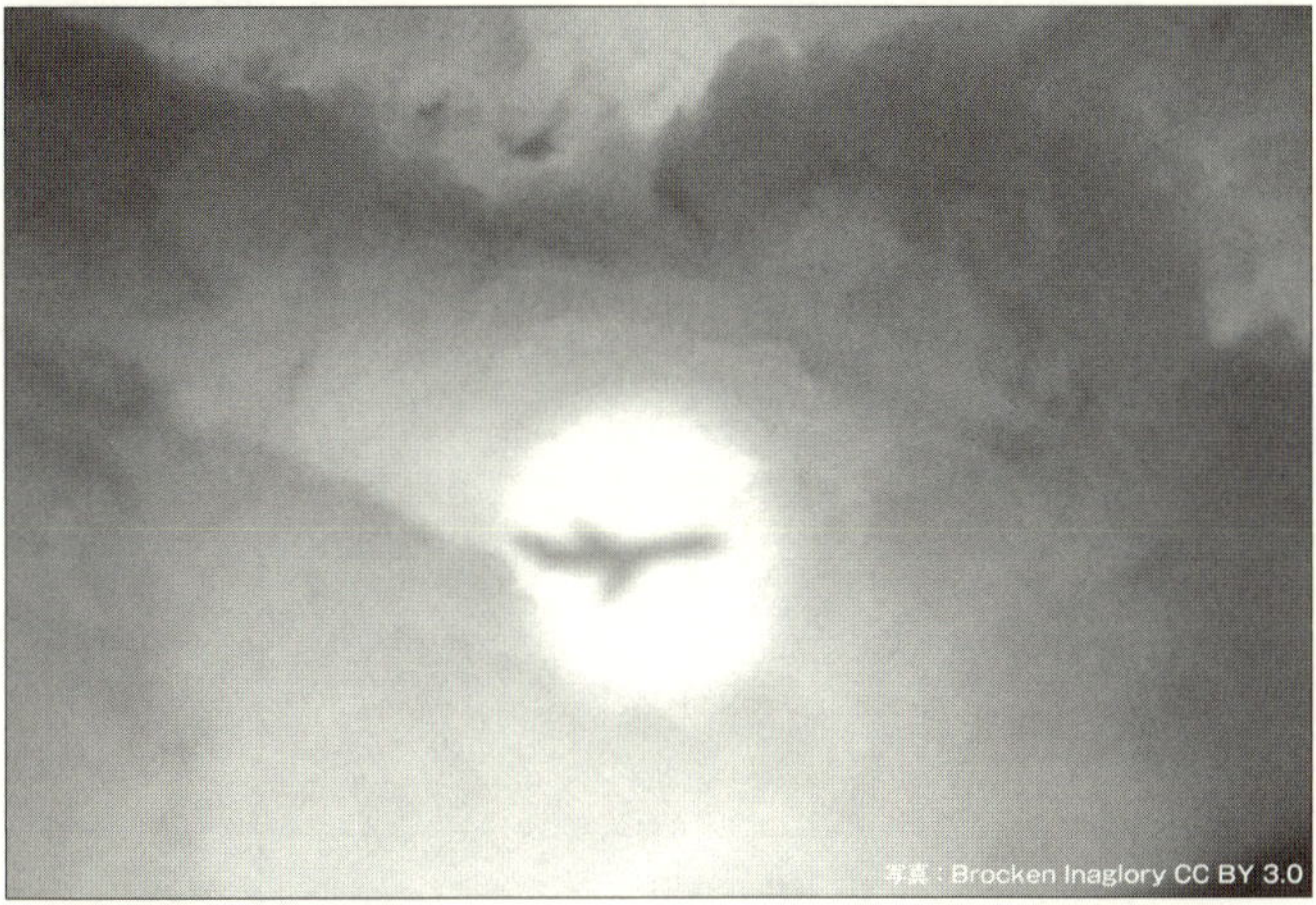

飛行機の影のまわりに光輪が現われた「ブロッケン現象」。太陽が飛行機より高く、雲が飛行機より低い位置にあるときに見られる。

巡航高度より下に雲海ができているときは、幻想的な「虹の輪」を探してみてください。虹が丸い形をしているというのも、大変めずらしいですが、その輪のなかに飛行機の影が小さく映って、自分たちと同じ速度でいっしょに移動しているのを見ることができます。

これは「ブロッケン現象」と呼ばれるもので、飛行機に太陽の光が当たるとその光が機体を回り込んで反対側に進み、雲のスクリーンに虹の輪と機影を映し出しているのです。

飛行機に乗っているからこそ体験できる不思議の一つで、客室乗務員のあいだでは「虹の輪を見ると幸せになれる」という言い伝えもあるそうです。

飛行中の機内でスマホのGPS機能を使ってみると、どうなる？

不慣れな場所で、自分の現在位置を確かめるため、スマートフォンのＧＰＳ機能を利用する。そんなようすが、最近はあちらこちらで見られるようになりました。

では、飛行中の機内でスマホのＧＰＳ機能を使うとどうなるのでしょう。

最近、長時間のフライトで退屈になると、スマホを取り出してＧＰＳ機能を起動し、飛んでいる現在位置を調べて楽しむという人たちが増えているようです。２０１４年９月より、機内モードに設定することで、上空でのスマホの利用が可能になったからです。

スマホの画面上で、ものすごい速度で現在位置がわかっていくようすは、たしかにすごい！ その迫力は、クルマや電車などの比ではありません。機内でＷｉ－Ｆｉ接続サービスを利用できる便なら、40ページで紹介したアプリ「フライトレーダー24」などにアクセスして、自分が乗っている飛行機の現在地やスピード、航跡《こうせき》も見ることができます。

スマホの利用は、たしかに機内での時間を楽しくする一つのアイデアではあるのでしょう。しかし「機種によってはＧＰＳの電波が受信できない」「情報がまだまだ不正確」と

ボーイング787型機のパーソナルモニター。座席の背面につけられたモニターで、航空路を表示したマップを見ることができる。

いう意見もあります。

海外へ向かう便であれば、スマホに頼らずとも、機内のナビゲーションマップを活用することで飛行中の現在位置や高度、飛行速度を正確に知ることができます。

個人用（パーソナル）モニターを各座席に備えた機種を導入する航空会社も、最近は増えています。

チャンネルを「マップ」に合わせておくと、常に自分の飛んでいる位置が表示され、窓の外にどんな風景が見えるかを知らせてくれます。

その時点での飛行スピードや高度、機外の温度、到着までの時間などがリアルタイムに表示されるので、見ていて飽きることがありません。

1泊2日で16回のフライト！「アイランドホッピング」を楽しもう

飛行機に乗る。それは、出張や旅行のためとは限りません。飛行機に乗ることだけを目的とした旅も存在します。

たとえば、ＪＡＬが２０１１年から商品化している「アイランドホッピング」などもその一つ。1泊2日で16回も飛行機に乗る、奄美《あまみ》諸島めぐりをご紹介しましょう。

出発日、朝一番のＪＡＬ便で、羽田から鹿児島へ向かいます。ＪＡＬグループの一員である日本エアコミューター（ＪＡＣ）のカウンターで、この日のフライトの手続きをします。日本エアコミューターは鹿児島をメイン拠点に、南国の島々を結ぶローカルエアラインです。初日に乗るのは、全部で6路線。まずはＤＨＣ‐８‐Ｑ４００という74人乗りの小型機で、奄美大島をめざします。

デハビランド・カナダが開発し、ボンバルディアが受け継いだＤＨＣ‐８は、ボディの上に主翼をとりつけた「高翼機」と呼ばれる個性的なプロペラ機です。搭乗口から飛行機へは徒歩で移動し、タラップを使って乗り込むのですが、ボディの地上高が低いために乗

ボンバルディア DHC-8-Q400 の機体。低騒音でありながら、ジェット機に匹敵する速さで飛ぶことができる。

サーブ 340B の機体。全長は 19.7m で、大型バス 2 台分とほぼ同じくらいのプロペラ機だ。

り降りもラクラク。実際に利用してみると、プロペラ機でありながらとても静かで、振動なども気になりません。

機長からの連絡によると、この日の飛行高度は6700メートル。ジェット旅客機の半分ほどの高度で飛ぶため、機窓からの眺めも抜群です。白煙を上げる桜島をかすめながら、奄美大島への旅がスタートです。

奄美大島からは、さらにひと回り小さいスウェーデン製の、サーブ340Bというプロペラ機に乗り換えます。細身のボディが特徴で、シートは通路をはさんで左側に1席、右側に2席と変則レイアウト。地域の人々の足となっているようで、36席ある座席はほぼ埋まります。

ここから喜界島《きかいじま》へ向かい、喜界島のあとはふたたび奄美大島に引き返して、次は徳之島《とくのしま》へ向かいます。徳之島に着いたら、また奄美大島を経由してスタート地点の鹿児島に戻ります。そこまでが初日のスケジュール。どの便も、空港での滞在時間は25分程度しかありません。

「1便でも遅れてしまうと乗り継げなくなるのでは?」

そう不安に思う人もいるかもしれませんが、大丈夫。上記のコースを1機のサーブ340Bが便名を変えながら飛んでいくので、乗り遅れる心配はありません。

サーブ340Bは、わずかな滑走で機首をぐいっと持ち上げ、高度5000メートル程度まで上昇します。水平飛行に移ったところで、機窓から海の写真を撮ろうとカメラを取り出そうとしたら、客室乗務員のアナウンスが……。

「当機はまもなく着陸します。これより先、すべての電子機器の電源をお切りください」

実際の飛行時間はわずか10分程度です。「アイランドホッピング」の名の通り、**島から島へぴょんぴょんと飛び移っていくフライトを、初日に6回、2日目は沖永良部島《おきのえらぶじま》や与論島《よろんとう》なども目的地に加えて、朝から8回くり返します。**東京や大阪からのアクセス便を含めると、1泊2日での飛行機搭乗は16回にも達します。

同じルートの単純往復も含めてひたすら飛行機に乗るだけですが、ファンのあいだではとても高い人気を誇ります。ちなみに販売サイトでは、「観光の時間はありません」と念を押しています。

「ツアー参加者には、マイルやポイントを一気に稼ぎたいという20代から40代の男性のお客さまが多いですね」

乗務していた客室乗務員がそう話していたといいます。2回目のフライトを終えるころには客室乗務員も顔を覚えてくれて、機内で迎えるあいさつも「お帰りなさい」「お待ちしていました」に変わっていたとも。こうした点も、人気の理由なのかもしれません。

一番星が現われる黄昏どきがチャンス！
飛行機からの夜景の楽しみ方

眼下にきらめく色とりどりのネオンを眺めるというのも、飛行機に乗る楽しみの一つです。空から見る都会の夜景は本当に美しく、国内の移動では、それを目的にわざわざ夜間フライトを選ぶ人も少なくありません。

なかでも東京の夜景は、じつにダイナミックです。夜景の美しさに定評があるスポットは世界中にありますが、世界的にも東京が一番だという人が意外に多いようです。

都内を拠点に活動する航空写真家たちも、「飛行機から見る東京の夜景は世界一」と豪語します。その夜景を見るポイントについて、彼らはこう口をそろえます。

「東京の夜景を空から眺めるなら、一番星が見えはじめる黄昏《たそがれ》どきをねらうといいですね」

みなさんにも役に立つと思いますので、ポイントを覚えておきましょう。

南風が少し強めに吹くころあいが、夜景を楽しむ大きなチャンスです。羽田から発つ便なら、おすすめのシートは右の窓側席。直前に雨でも降って、大気が澄み切っていればベストです。この条件がそろえば、お台場や汐留《しおどめ》、東京タワーのネオンの背後に丹沢《たんざわ》や奥多《おくた》摩《ま》の稜線《りょうせん》が広がり、赤く染まる空に富士山が鮮やかに浮かび上がります。残念なのは、東京では夏場にならないとほとんど南風が吹かないこと。北風だと川崎側からのアプローチになり、景色が変わってしまいます。

きれいな夜景が見られるフライトとしては、伊丹《いたみ》空港発着の便もおすすめです。とくに各地から到着する便は大阪市内の上空を横切るので、着陸前には左右に宝石をちりばめたような光景が広がります。シートは左側を確保しましょう。到着便では、着陸の5分間ほど前から遠くに通天閣《つうてんかく》が見え、その後ライトアップされた大阪城や中ノ島《なかのしま》、大阪駅周辺の高層ビル街、超高層の梅田スカイビル、新大阪駅などが次々に見えてきます。

羽田とは違って、風向きに左右されない点も、伊丹での夜景鑑賞のいいところです。進入コースは2本ある滑走路のうち、どちらの滑走路を使う場合でも、新大阪駅上空まではまったく同じなので、ハズレがありません。

また伊丹からの出発便については、北向きに離陸するときだけに限定なのですが、離陸直後はどの便も行き先に関係なく大きく左旋回します。東京行きの場合、いま出発したばかりの伊丹空港を中心にぐるっと旋回するので、ひと味違った夜景も楽しめます。この場合のおすすめシートは、翼が見える機体後方の窓側。いつもは邪魔に感じる翼が、夜景のなかにシルエットで浮かび上がり、何ともいえず幻想的です。

沈んだ太陽に、上空でもういちど出会えるってホント？

羽田から日本海側や中国地方の都市へ、日没の時間帯に離陸する便を利用する人もいるでしょう。そうした人は、いちどは沈んだ太陽に、上空でふたたび出会えるという不思議な体験をすることができます。

これは、どうしてでしょうか？

日没というのは、太陽が地平線の向こうに沈むことです。仮に身長が１８０センチ（目の位置が１７０センチ）の人は、どれくらい先の地平線に太陽が沈む姿を見ているのかを考えてみましょう。87ページで紹介した計算式、

$$d=3.57\sqrt{h}$$

を使って、ふたたび検証してみます。ｈはその人の視点の高さ（メートル）で、ｄはその地点から地平線までの距離（キロ）です。計算の結果、１８０センチの身長の人から見る

機内から見た日没のようす。雲が出ていても、雲海が赤く染まるようすは、たいへん幻想的で美しい。

と約4・65キロ先の水平線に太陽が沈むことがわかります。

地球は自転（1日に1回転）しているので、太陽が当たっている範囲も、1日かけてぐるっと地球を一回りします。

地球が自転する速度は、赤道付近で計算すると時速約1680キロ。東京のある北緯35度あたりだともう少し遅く、時速1370キロ程度になります。

87ページで紹介したように、ジェット旅客機の巡航高度である**上空1万メートルでは、地平線は357キロ先にあり、地上で日没を迎えた後すぐに飛び立って10分程度で高度を上げていけば、上空でもういちど太陽を見ることができるわけです。**

その場合、向かう先は西で、太陽を追い

かける便というのが条件になります。

では、西に沈む太陽を飛行機で追いかけていると、やがて太陽を追い越してしまうこともあるのでしょうか?

答えは「ノー」です。先ほど紹介したように、東京で測った地球の自転速度は時速1370キロ程度。旅客機の速度は、せいぜい時速900キロ前後なので、どんなにがんばっても太陽に追いつくことはありません。もし追いつけてしまったら、人間の身体のリズムが崩れてしまい、健康にもよくないでしょう。

海外旅行では、よく「時差ボケ」に悩まされる人がいます。長距離便に搭乗した後の数日間、夜に寝つけなかったり、昼間でも疲労感が抜けないといった症状です。そうした時差ボケは、西回りの便よりも東回りの便で顕著に現われます。パイロットのなかにも、「東回りのフライトはきつい」という人が少なくありません。なぜでしょうか。

人間は通常、24時間という体内のリズムで動いています。そのリズムが長距離の飛行によって乱れてしまった場合に、24時間よりも長いリズムのほうが対応しやすいためです。東から西への飛行(たとえば日本からヨーロッパへ)は1日がより長くなり、反対に時間を「失う」ことになる西から東への飛行(たとえば日本からアメリカへ)とくらべて、約20%早く時差になじむことができるといわれています。

part3

何をしているの？ 管制・空港のふしぎ

空や空港内の「交通整理」はだれの役割？
機長よりも権限の強い管制官

毎日、どれだけ多くの旅客機が空を飛んでいるのでしょうか。日本の空港を1日に離着陸している数は、国内線で約２０００便、国際線が約５００便です（２０１５年7月現在）。さらに、海外から飛んできて、日本の上空を通過していくだけの旅客機も含めると、1日に約４５００便が日本の空を飛んでいます。こんなにたくさんの飛行機が飛んでいて、なぜ事故は起きないのでしょう。

空には、自動車が走る道路のような信号機や標識があっても役に立ちません。でも、それに代わるだれかが「交通整理」をする必要があります。その役をつとめているのが、国家資格をもつ「航空管制官」と呼ばれる人たちです。

空港に行くと、てっぺんの部分がガラス張りになっている、ひときわ高い塔や建物が見えます。あれが**「管制塔（コントロールタワー）」**です。**航空管制官はここから、パイロットに必要な指示を出して、旅客機をコントロールしています。**

管制官というと、離着陸の指示をしているというイメージがありますが、じつは、**空港**

高さが約 70m ある北海道の新千歳空港（上）の管制塔と、約 80m ある大阪府の関西国際空港（下）の管制塔。

内での地上走行の指示も重要な役割です。興味のある人は、空港の展望デッキに立って、しばらく眺めてみてください。出発便や到着便の動きが、いかに複雑であるかを理解することができるはずです。

ついさっき飛行機が飛び立ったばかりの滑走路に、こんどは別の地から飛んできた飛行機が降りてきます。目の前の駐機スポット（128ページ参照）から滑走路に向けて出発機が出て行くと、いま降りてきた飛行機が誘導されてそのスポットに。絶妙かつ正確なタイミングで指示を出さないと、空港は大混乱に陥ってしまいます。旅客機の安全運航には、「交通整理」のプロフェッショナルである航空管制官たちの活躍が欠かせないのです。

管制官が仕事をする管制塔は、通常、空港のなかで一番高い建物です。羽田空港は日本でもっとも高い管制塔を持ち、「タワー運用室」という最上部のフロアは、地上110メートルのところにあります。この運用室からは、4本あるすべての滑走路だけでなく、空港周辺の一帯をすべて見渡すことが可能です。

このフロアは360度ガラス張りになっていて、管制官のスペースをさらにその中央の一段高いところに設置するなど、管制官が飛行機を確認しやすい工夫がなされています。運用室のすぐ下のフロアにも同じように全面ガラス仕様のスペースがあり、ここは毎年秋に開催されている「空の日」のイベントなどで、一般に公開されることもあります。興味のある方は、イベントをチェックしてみましょう。

飛行機の動きは、すべて管制官によって管理されています。飛行機の運航には365日休みがないため、管制官たちは曜日に関係なく交替制で働いています。成田空港や羽田空港のような大きな空港になると、貨物便や国際定期便の離着陸など、24時間体制で夜通し管制をしているところもあるのです。

航空管制官になるには、航空管制官採用試験に合格し、国土交通省の職員（国家公務員）として採用される必要があります。いま、日本で働く管制官は約1900名。新しく採用される人数は、毎年80名程度です。このわずかな枠に対して千数百名もの挑戦者がいるため、非常に狭き門です。

また、採用されてもすぐに現場で活躍できるわけではなく、まずは航空保安大学校で1年間の基礎研修が待っています。それから配属先ごとに専門訓練を受け、その後、技能試験に合格して初めて管制官として任用されます。

こうして厳しい訓練を終えた航空管制官には、絶対的な権限が与えられ、パイロットはこの指示に逆らうことはできません。空港のすぐ上空まで来ていても、管制塔から「クリアード・トゥ・ランド（着陸を許可する）」と言われるまでは滑走路に着陸してはならないと、航空法で定められています。管制官の指示は、絶対なのです。

航空管制は、①管制塔→②ターミナル・レーダー→③ACCのリレー体制

管制官とパイロットのやりとりは、飛行機が出発し、目的地の空港へ到着するまで続きます。管制塔からの音声による無線通信によって、パイロットは管制官と交信していますが、これはパイロットが飛行機のコクピット（操縦室）に乗り込み、出発する5分前にスタートします。まずは、「フライトプラン」という、飛行ルートや、高度、スピードなどが書かれた飛行計画書の承認が行なわれます。この「管制承認（クリアランス）」と呼ばれる許可が、管制塔からコクピットに届いて初めて、飛行機の出発準備が整うのです。

「飛行機の出発」とは、どの地点のことをいうのでしょうか。じつは、飛行機がプッシュバック（１３３ページ参照）をしはじめた、その瞬間です。**飛行機は、まだ空を飛んでいなくても、駐機スポットを離れて動きはじめると、出発したことになります。**この出発の合図も、「地上管制（グランド）」を担当する管制官が指示しています。

駐機スポットから滑走路まで、飛行機は好きなルートを走行できるわけではありません。どの誘導路を通り、どの滑走路の、どちら側から飛ぶのかなど、地上管制官から細かな指

✈離陸から着陸までの管制概略図

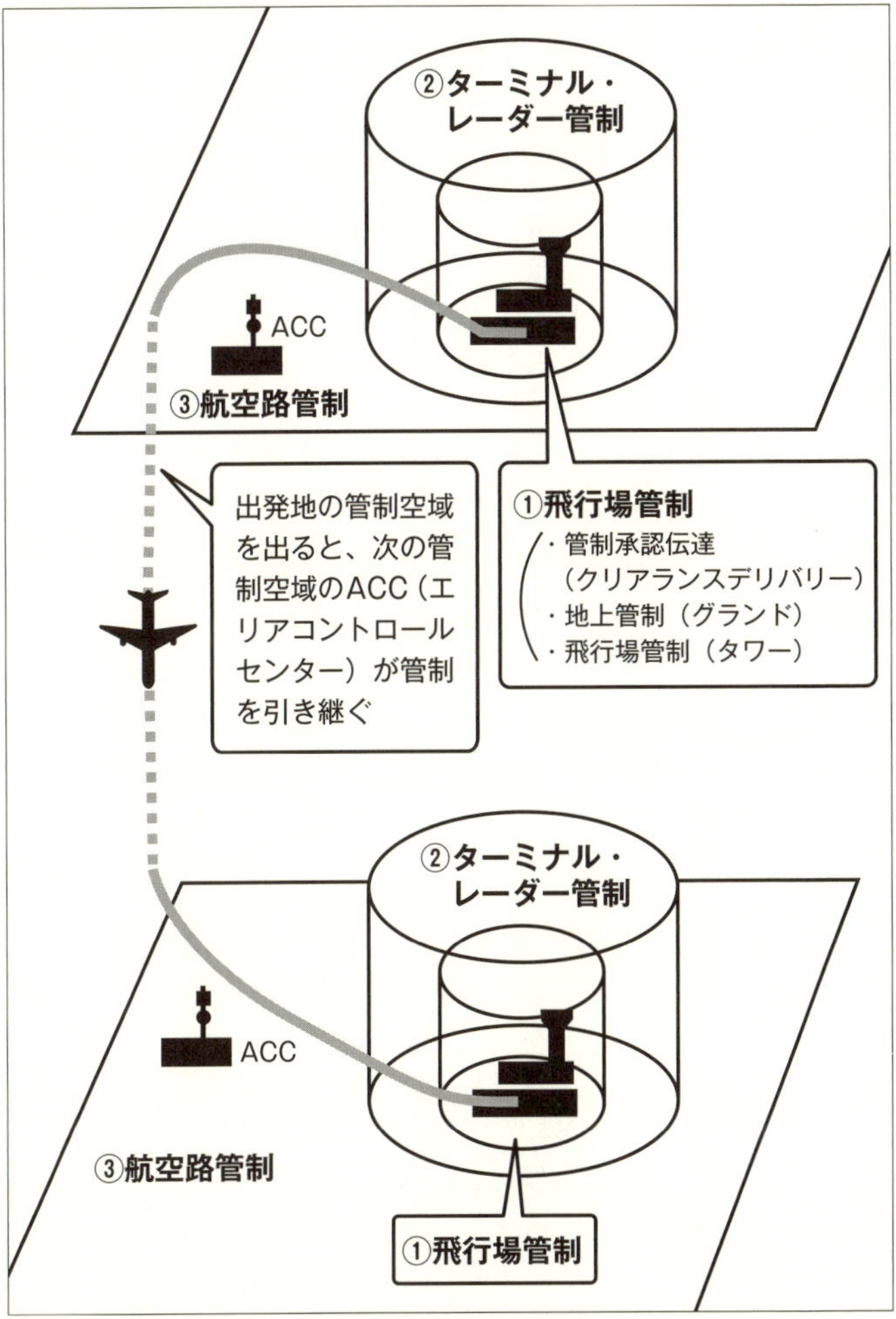

出発地の管制は①②③の順で受け、到着地の管制は③②①の順に受ける。日本の上空は、札幌・東京・福岡・那覇の四つのACCが分担している。

示が入ります。ほかの飛行機や車両が邪魔にならないように、地上管制官が一番よいルートを選んでいるからです。

飛行機は、滑走路の手前までたどり着くと、しばらくのあいだ、そこで待機していることがあります。これは、管制塔からの「離陸許可」を待っている時間です。ここでは、地上管制とは別の「飛行場管制（タワー）」の管制官が離陸のタイミングを指示します。パイロットは、「クリアード・フォー・テイクオフ（離陸を許可する）」と言われると滑走路に出て、エンジンのパワーを最大にして飛び立つのです。

ここまでが、**飛行機の出発から離陸までをコントロールしている「飛行場管制」**です。大きく分けると、出発を許可する「管制承認伝達（クリアランスデリバリー）」、地上走行をコントロールする「地上管制（グランド）」、それから離着陸を指示する「飛行場管制（タワー）」の三つの役割があり、空港を360度見渡せる管制塔のてっぺんから、管制官が実際に飛行機を見ながら指示を出しています。

管制官がいるのは、管制塔だけではありません。**飛行機の離陸後、出発機を空の道「航空路」に誘導・監視するのが、「ターミナル・レーダー」の管制官です。**この管制は、管制塔とは別の、空港内の施設で行なわれています。

空港から管制していた飛行機が空港の担当エリアを出ると、さらに別の管制に引き継が

れます。それが「航空路管制」です。日本には札幌、東京、福岡、那覇に「ＡＣＣ」と呼ばれるエリアコントロールセンターがあり、それぞれが担当エリアを持っています。

たとえば、東京ＡＣＣ（埼玉県所沢市）では、東北から中国・四国までのエリアとそれに付随する太平洋地域を担当し、このエリアを通る飛行機に対して、スピードや高度、経路などの指示を出しながら安全間隔を保っています。

いよいよ目的地が近づき、着陸の準備をはじめる地点までたどり着くと、航空路管制から、目的地の空港のターミナル・レーダー管制へと引き継がれます。着陸機を担当する管制官は、降りてくる飛行機の位置を確認し、それが複数ある場合は着陸の順番をつけます。とくに大きな空港では、いろいろな方面から飛んでくるため、順番通りに1列に並ぶように誘導し、1機ずつ安全間隔を保って着陸できるように指示を出しています。

これらの着陸機が、ある高度まで降りてくると、管制は飛行場管制に引き継がれます。バトンタッチされた飛行場管制官は、着陸許可を出して降りてくる飛行機を監視し、それが無事に着陸して滑走路を出ると、地上管制官が空港の到着スポットまでを誘導します。こうして、飛行機の出発から到着までの1サイクルが終了します。

発着便の多い空港でもスムーズな運航が可能なのは、このように管制官がリレー方式でうまく役割をつなぎながらコントロールしているからなのです。

横田は米軍、新千歳は自衛隊！航空管制と空域のナゾ

日本の領空なのに、日本の飛行機が自由に飛ぶことができないエリアがあります。それも、混雑する羽田空港や成田空港のある首都圏に――。

首都圏のそれは、「横田空域」と呼ばれ、東京の福生《ふっさ》市にある米軍横田基地の上空を中心に広がるエリアを指します。この空域は米軍に管理されているため、勝手に入ってはいけないことになっているのです。

このエリアを飛ぶ場合には、事前に米軍の許可を得なくてはなりません。飛行ルートや高度、目的地などを書いたフライトプラン（飛行計画書）を横田管制に提出するのですが、申請は毎回必ず出さなければならないうえに、承認されるかどうかは予想不可能。たとえ承認されたとしても、そのエリアの管制は米軍によるもので、自由が制限されてしまいます。

こうした理由から、**日本の民間航空機が横田空域を定期便のルートにすることはなく、日本のエアライン各社は、首都圏の大部分を含むこのエリアを避けて通るルートを選んでいます。**

横田空域のイメージ図

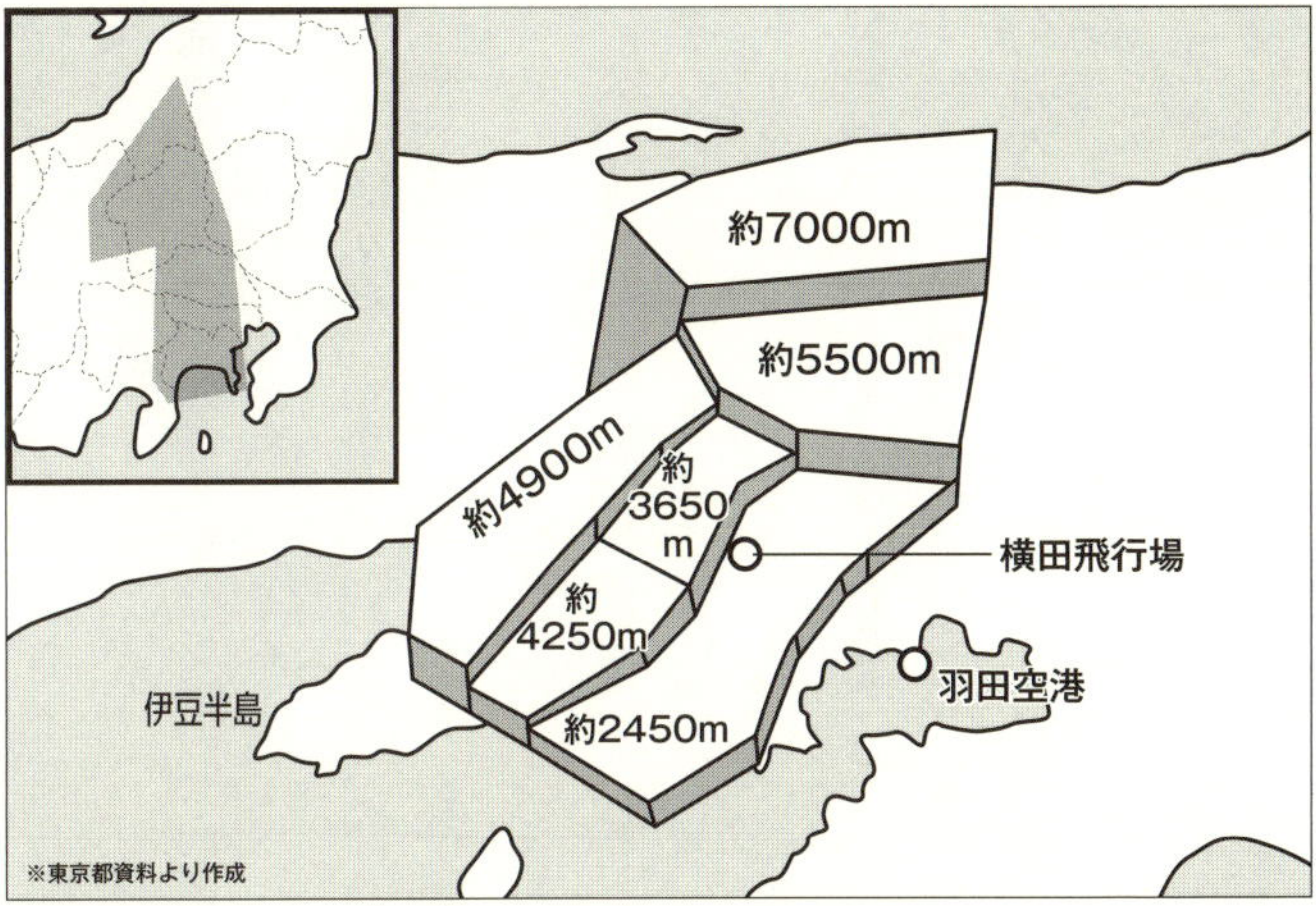

東京都だけでなく、横田空域は、静岡県、神奈川県、山梨県、埼玉県、群馬県、栃木県、長野県、福島県、新潟県の一都九県の上空を覆う。

あるパイロットは、「羽田空港から西へ行く場合、この空域を通れないわけではありません。このエリアを通過する場合は、17000フィート（約5200メートル）の高さを乗り越えて飛んでいます」と語ります。

羽田空港周辺の空はよく渋滞するといわれます。取り扱う便数が多いということ以外にも、横田空域という「見えない壁」が大きく立ちはだかっているために、進路が限られてしまうことも、理由の一つかもしれません。

一方で、北海道の空の玄関である新千歳空港は、航空自衛隊が管制をしています。すぐ隣には千歳飛行場という自衛隊の千歳基地があり、この二つの施設は誘導路で行き来することができます。千歳基地の自衛隊は、千歳飛行場の管制だけでなく、国土交通省からの委託を受け、新千歳空港と合わせて二つの空港の管制を行なっています。この千歳エリアでは、性能の違うジェット戦闘機と民間機がいっしょに飛ぶため、管制が難しく、それを自衛隊が一括して行なっているのです。

自衛隊が通常使用しているのは、千歳飛行場です。ここは北日本の防衛の要《かなめ》であり、戦闘機が緊急発進することも少なくありません。たとえば、国籍不明の機体が日本に近づいてきたときには、「スクランブル」といって戦闘機をただちに発進させることがあります。

この場合は、民間機は離着陸を待たされることがあります。戦闘機が優先される理由は、その緊急性だけでなく、燃料タンクが小さいうえに莫大《ばくだい》な燃料を消費するため、上空であまり長い時間待つことができない点も考えられます。**スクランブルが起きたときや多数の戦闘機が着陸してくるときなどは、旅客機は犠牲になってしまうのです。**

一方で、民間機で遅延や緊急着陸が発生したり、新千歳空港の滑走路が工事などで一時的に使用できなくなったりした場合には、千歳飛行場の滑走路を民間機が使用することもあります。軍用機も民間機も、協力し合いながら空を飛んでいるのです。

千歳飛行場と新千歳空港は、隣接しています。それぞれ2本の滑走路があり、航空自衛隊は18R、18Lと呼ばれる滑走路を、民間側は19R、19Lを使用。4本が、約1500メー

離陸する日本の政府国政府専用機。ボーイング747-400型機で、機体の前方に「日本国」と書かれている。

トルの差で平行して並んでいるため、民間機のパイロットが千歳飛行場に間違って着陸してしまうということが、これまでに何度も報告されています。

また、新千歳空港には日本国政府専用機の格納施設「ハンガー」があり、航空自衛隊が整備管理を行なっています。運がよければ、整備ハンガー前の「エプロン」に駐機している、日の丸デザインの機体を見ることができるかもしれません。

民間空港と自衛隊の空港が併設されていると、便利なこともあります。たとえば、千歳自衛隊が開催する千歳基地航空祭は、千歳飛行場で行なわれますが、新千歳空港からのアクセスがよく、地方から来る人たちにとっても訪れやすい場所にあります。

日本の空なのにアメリカのもの!? 沖縄の空の昔といま

沖縄本島中南部には、嘉手納《かでな》飛行場という日本で最大のアメリカ空軍基地があります。在日アメリカ空軍の管轄下にあり、大型機が離着陸できるほどの長い滑走路が２本敷設されているなど、日本では成田空港や関西国際空港と肩を並べる規模の飛行場です。

かつて沖縄本島周辺の上空は、米軍の管理下にありました。その管轄エリアは、嘉手納基地から半径約90キロ以内、高度約６０００メートル以下の空域と、久米島《くめじま》空港から半径約55キロ以内、高度約１５００メートル以下の空域で、沖縄本島や久米島がすっぽり覆われるほどの大きさです。１９７２年5月15日に沖縄の施政権が返還された後も、この一帯の航空管制は、米軍によって行なわれていました。

この空域では、沖縄の基地を離着陸する米軍機を妨げないように、飛行が制限されています。那覇《なは》空港に離着陸する民間機は、嘉手納基地を離着陸する米軍機と航路が重なるため、那覇空港から約10キロのあいだ、高度３００メートルで飛行する「高度制限」が義務づけられていました。狭い空域で米軍機と民間機が混在することによる、衝突やニアミス

米軍の管理下にあった空域

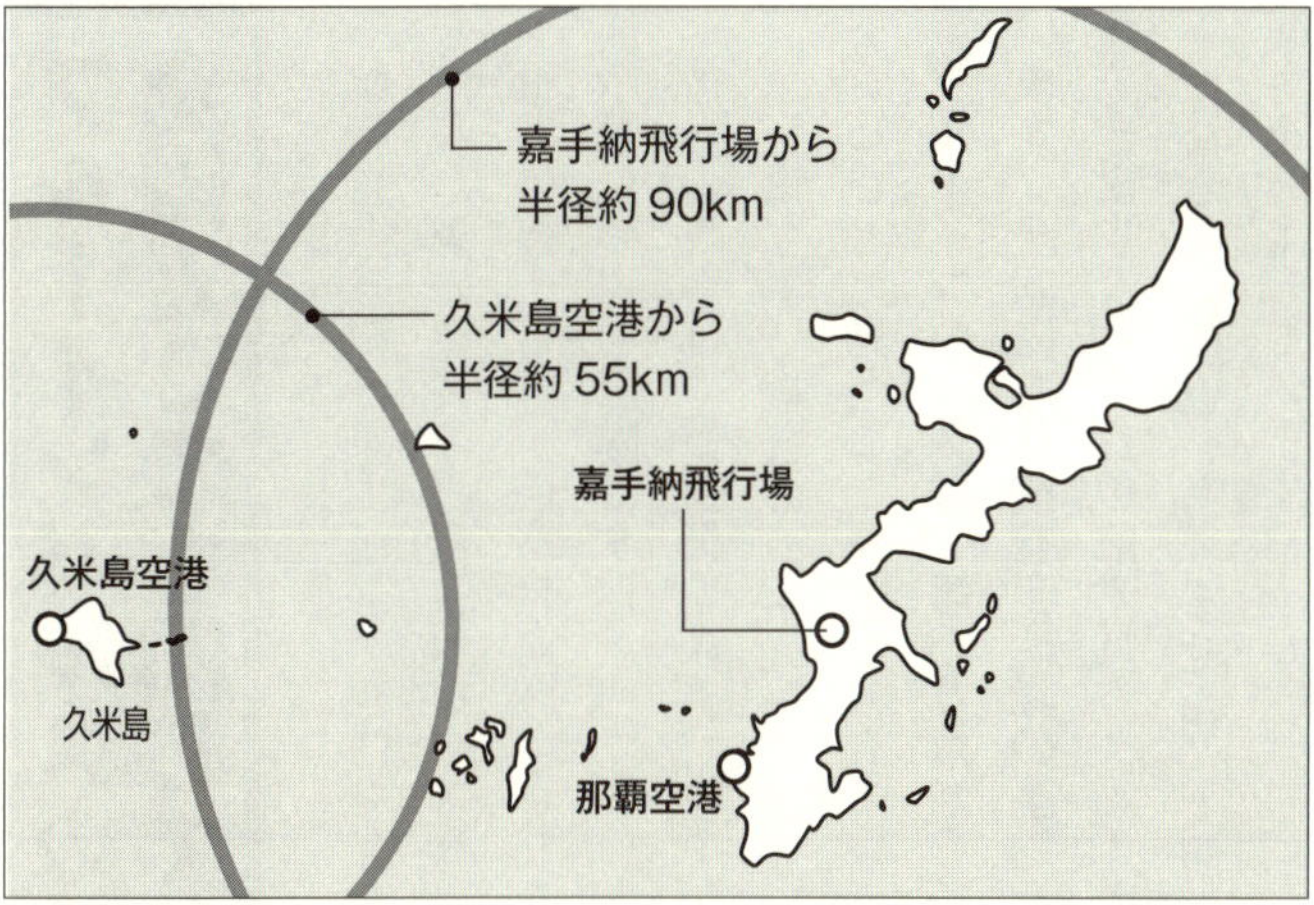

嘉手納飛行場から半径約 90kmと、久米島空港から半径 55kmという、広大な空域が米軍の管理下にあった。

を回避するためです。

2010年3月31日に、一部の飛行場管制を除き、ほとんどの空域がようやく日本に返還され、日本側で管制が行なわれるようになりました。

それでも米軍機の飛行が優先されていますが、その飛行状況が把握できるため、状況によっては高度制限を解除するなど、柔軟な対応ができるようになっています。

飛行機が低空飛行をすると、乗客はすぐ真下に広がる沖縄の青く透き通った海を楽しめるかもしれません。しかしパイロットにとっては、この高度制限が悩みの種――風の強い日も、視界の悪い日も、それから台風の日も、この高度制限に負けずに飛んでいるのです。

ブルーインパルスの演技は、全国どこでも同じではない？

航空自衛隊のブルーインパルスを見たことがあるでしょうか。ブルーインパルスは、青と白が基調の塗装で、無駄のないスリムな形がかっこいい、6機そろったアクロバティック飛行のチーム――航空自衛隊の存在をアピールする広報の役割を務める、日本で唯一の展示飛行の専門部隊です。

彼らの舞台は、航空祭（エアショー）やオリンピック、ワールドカップの開会式などの記念行事です。複数のジェット機が並んで宙返りをしたり、横転しながら飛ぶようすを、テレビなどで見たことがある人も多いのではないでしょうか。

ブルーインパルスは、毎年4月から12月のシーズン中に、20回以上のツアーを行なっています。全国にある航空自衛隊の基地を中心に行なっているため、だれでも見に行くことができます。すぐ目の前で見るダイナミックな飛行には、目を見張る迫力があり、やみつきになること間違いありません。大胆な動きのなかにも日本人らしい緻密な演出があり、観客を魅了しています。

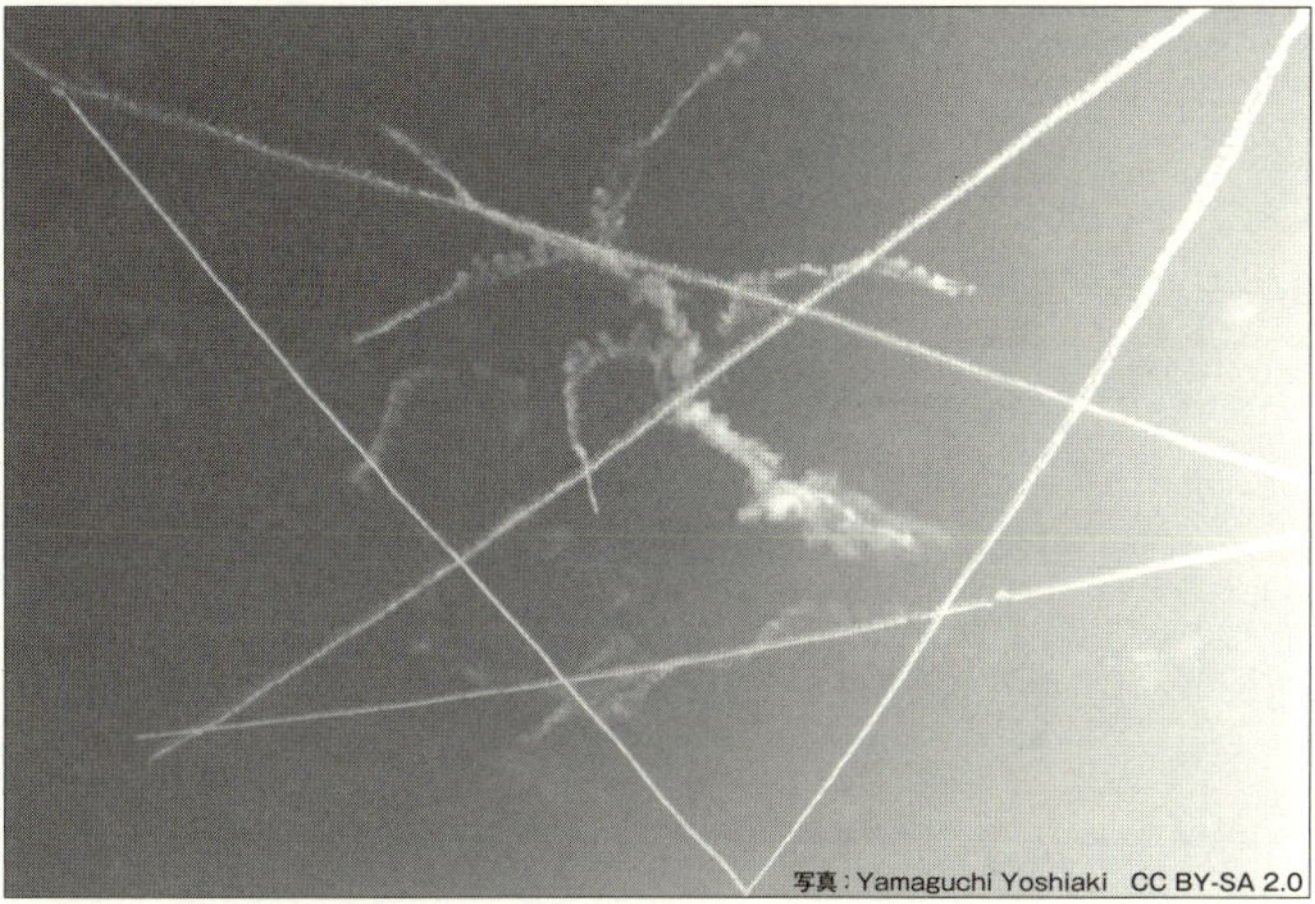

ブルーインパルスがスモークを使って描いた「スター」。6機が正確な角度で飛ぶことで、美しい星形が生まれた。

とくに見る価値があるのは、スモークで空にアートを描く「描き物」の演技です。ハートに矢を貫く「キューピッド」や、星を描く「スター&クロス」、桜の花を空に咲かせる「さくら」などがあり、これを見たさに、全国各地へ追いかけて行くファンもたくさんいます。

全国へ足を運ぶ人が多いのは、ただ「ブルーインパルスが好きだから」という理由だけではありません。全国どこでも同じ演技が見られるわけではないからです。展示飛行を行なうためには、天候を十分にチェックする必要があります。

たとえば、水平方向の視程が8キロ以上あることや、雲の高さが1万フィート（約3000メートル）以上であることなどが条件で、これが低くなるにつれ、実施できる演目が限定されてしまいます。

当日の天候はだれにも予想できないし、まさに運だのみ。エアショーを観に来る人には、「天候が悪くて見られなかったら悔しくって、次も絶対行こうって思ってしまう」という人も多くいます。

複数の機体が接近して飛ぶ「編隊飛行」も、ひときわ目を引く演目の一つです。もっとも密集するのは「ファン・ブレーク」といって、4機のジェット機がダイヤモンドの形（菱形《ひしがた》）を維持したまま飛ぶ演技です。機体同士の一番近い間隔は、約1メートル。翼が隣の機体をかすめそうな位置を維持して飛ぶのは、もはや「職人技」としかいえません。

編隊飛行で基本となる形は、6機勢ぞろいで三角形をつくる「デルタ」という隊形です。先頭が編隊長の乗る1番機、二列目に2、3番機、三列目には左から順に5、4、6番機が並びます。ここから、三角形の底辺の両端が抜けると、残りの4機による「ダイヤモンド」の隊形になるのです。

沖縄県の那覇《なは》基地では、民間機の離着陸が多く、空域制限もあるために宙返りや横転、反転、背面などのアクロバット飛行はできません。しかし、その分、編隊飛行が充実していて、迫力のあるエアショーを楽しむことができます。

このように、飛行制限のある基地もあるため、ブルーインパルスを見に行くときは、プ

スモークを出しながら「デルタ」の隊形をとるブルーインパルス。近距離で等間隔に並ぶという、高度な技術が求められる。

ログラムの情報をしっかり確認することもポイントです。

ブルーインパルスに所属する日本人パイロットの技術は、世界的にも認められています。1964年に東京オリンピックが開催されたときには、開会式で上空に見事な「五輪」を描きました。

五つの丸を重ねたオリンピックマークを描いただけでなく、1番機は「青」、2番機は「黄」、3番機は「黒」、4番機は「緑」、そして5番機は「赤」と、色まで確実に再現した演出が、世界中を感動で包みました。

2020年に開催される二度目の東京オリンピックでは、一体どのような編隊飛行を見せてくれるのでしょうか――いまから楽しみになってきます。

飛行機が渋滞を起こしたら……。人気空港の空中待機空域はどこ?

高速道路と同じように、空の上でも渋滞が起こりやすい時間帯があります。日本一の離着陸数を誇る羽田空港に降りてくる飛行機は、夜の20時ごろがピーク。この時間帯には、ほぼ1分に1機のペースで飛行機が着陸してきます。展望デッキから、1列に並んで着陸を待つ飛行機が5機ほど見えた——ということもしばしば。

離着陸する飛行機が増えて空港が混雑してくると、パイロットは管制官から空中待機を命じられます。「あなたはいますぐ降りて」「次のあなたはもうちょっと待って」「こっちのあなたは、向こうでもうちょっと飛んできて」というように。

しかし「待て」といわれても、飛行機は上空で停止することができません。管制から指示された場所で、**旋回しながら順番待ちをしている**のです。これを「ホールディング」といい、羽田空港の場合は、房総《ぼうそう》半島の沖合上空などを周回して次第に高度を下げ、滑走路へ向かいます。同じエリアで何機もの飛行機が飛んでいられるのは、高度を変えているためです。飛行機同士がぶつかることのないよう、管制官から指示を受けた高度で飛んでい

飛行機の空中待機の概略図

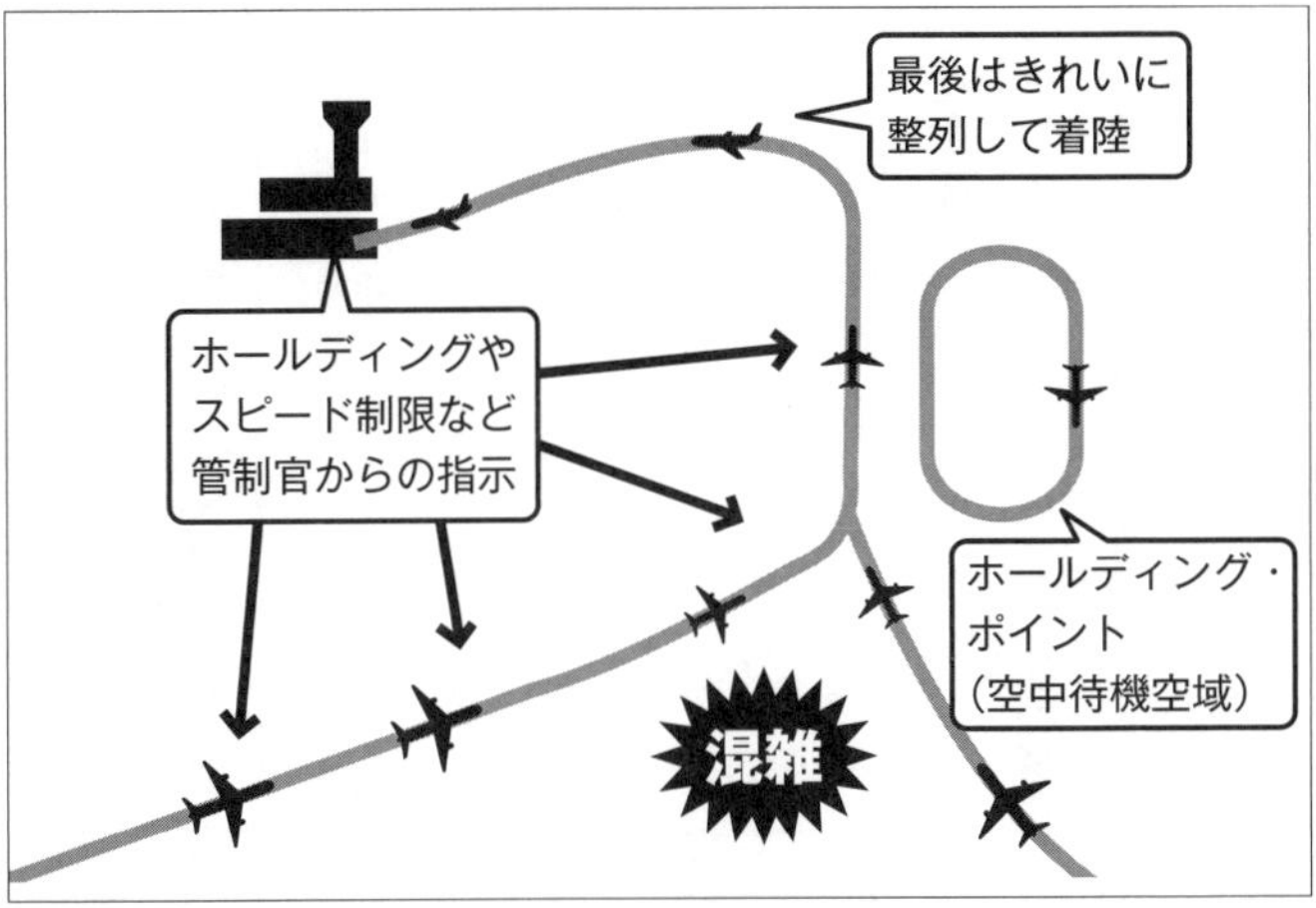

空港周辺にはホールディング・ポイントが設けられているほか、空港へ向かう際に管制からの指示で、スピード制限が行なわれることもある。

ます。

また、このホールディングの前段階でも、管制官は交通量をコントロールしています。

西から羽田空港へ向かう場合には、静岡県の沖合でスピードが制限され、大きくS字を描くように飛行機が一列縦隊をつくりながら、伊豆大島を通って羽田空港をめざします。空の上では「何車線」もある航路ですが、着陸時には「1車線」に合流しなければならないのです。

このほかにも、**出発時刻そのものを調整し、渋滞を緩和する方法**がとられることもあります。目的地(空港)の混雑が予測される場合は、出発を待ちます。飛行する時間が長くなるほど消費燃料が増えるため、飛行機の場合は効率的な方法といえます。

ゴルフ・ホテル・ヤンキー!?
独自の呼び方があるアルファベット

「ゴルフ・ホテル・ヤンキー」と聞いて、みなさんは何を想像しますか? ゴルフ場が併設されたホテルにヤンキーが集まっている——そんなイメージが浮かぶかもしれません。でもこれ、じつは航空用語でアルファベットの「GHY」といっただけなのです。

航空業界には、左ページの表のようなアルファベットの独自の呼び方があります。パイロットと管制のやりとりのほか、客室乗務員や空港で働くスタッフの世界共通用語です。

航空会社では、現場以外の部門でもこの言い方を使用することが多くあります。たとえば、「明日の会議は『ブラボー』で行ないます」と言うと、これは、会議室「B」で、という意味です。

「B」と「D」の音は、聞き間違えられることがあります。Bと伝えたつもりでも、相手はDだと受けとってしまうことがあるのです。航空の世界では、この間違いが大きな事故につながりかねません。

たとえば、空港の駐機スポットに、アルファベットのAからEの番号がつけられている

アルファベットの呼び方

A (alfa)	アルファ
B (bravo)	ブラボー
C (charlie)	チャーリー
D (delta)	デルタ
E (echo)	エコー
F (foxtrot)	フォックストロット
G (golf)	ゴルフ
H (hotel)	ホテル
I (india)	インディア
J (juliett)	ジュリエット
K (kilo)	キロ
L (lima)	リマ
M (mike)	マイク
N (november)	ノベンバー
O (oscar)	オスカー
P (papa)	パパ
Q (quebec)	ケベック
R (romeo)	ロメオ
S (sierra)	シエラ
T (tango)	タンゴ
U (uniform)	ユニフォーム
V (victor)	ビクター
W (whiskey)	ウイスキー
X (x-ray)	エクスレイ
Y (yankee)	ヤンキー
Z (zulu)	ズールー

滑走路や誘導路の名称をはじめとした、とくに聞き間違えが許されない管制のやりとりでは、上記の読み方が使われている。

とします。ここで、管制官からの「スポットBに入ってください」という指示に、パイロットが「スポットD」だと勘違いしたら事故が起こるでしょう。このような間違いを防ぐため、Bは「Bravo（ブラボー）」、Dは「Delta（デルタ）」と呼び、確実に伝えるようにしています。

この呼び方は、機内でも使用されています。たとえば、座席位置もその一つ。客室乗務員同士の会話で、「5のCharlie（チャーリー）にコーヒーをお願い」と言うと、「5Cに――」という意味です。

次に飛行機に乗るときは、最後列の通路側に座席を指定してみるのもおすすめです。後ろのキッチンから、コードを使った客室乗務員の会話が聞こえてくるかもしれません。

対向機と正面衝突する心配はないの？
空の安全を守るヒミツの装置

毎日たくさんの飛行機が飛んでいる日本の空。事故を起こさないように、管制官が空の交通整理をしています。でも、それだけで本当に安全なのでしょうか。

飛行機が、対向機とぶつかることがない理由はいくつかあげられます。

まず一つは、それぞれの飛行機が高度を変えて飛んでいるからです。14ページで紹介したように、飛行機が空を飛ぶとき、少なくとも8キロの横幅と、300メートルの高度差を保つことが世界共通のルールです。

また、22ページで紹介したように、同じルートを飛行する場合、東に向かう旅客機は1000フィート単位の奇数高度、西行きは1000フィート単位の偶数高度で飛び、2万9000フィート（約8700メートル）以上の高さで飛ぶ場合は、その倍の2000フィート間隔で飛ぶといったルールもあります。

このほかには、**飛行機のコクピットに装備された空中衝突防止装置**「TCAS《ティーキャス》（Traffic alert and Collision Avoidance System）」**が衝突から守ってくれています。**

衝突の回避をうながすTCAS

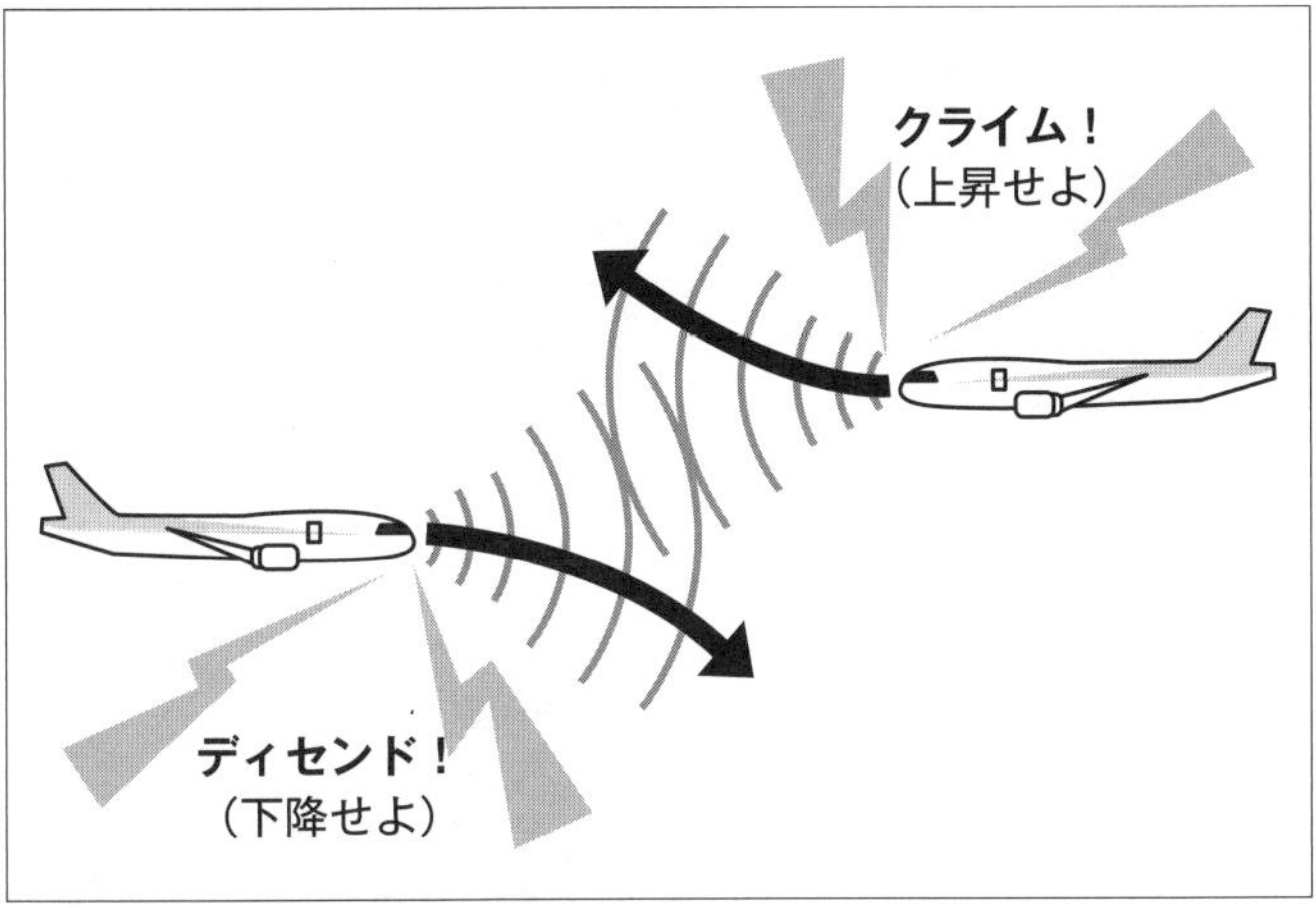

飛行機同士が接近した場合、TCASは片方には上昇、もう一方には下降の指示を出して、衝突の回避をはかる。

ＴＣＡＳは、自分の飛行機の周囲半径28キロ、高度差約２７００メートルの範囲を飛ぶ飛行機の存在を知らせてくれる装置です。自分の飛行機がどの方向に向かって、どのくらいのスピードで飛んでいるのかを周囲の飛行機へ伝え、反対に周囲の飛行機の情報も知ることができます。

この装置は、２機の飛行機が近づきすぎて危険だと判断すると、「トラフィック、トラフィック」と危険信号を出し、一方の飛行機には「クライム（上昇せよ）」、もう一方には「ディセンド（降下せよ）」と音声で指示を出します。

このＴＣＡＳと、航空管制官による二重の監視により、わたしたちの空の旅は安全に保たれているのです。

濃霧のなかでも安心！ 滑走路に降りられる理由

飛行機が飛ぶとき、いつも天候がよいわけではありません。空港の一帯に霧がたちこめ、これから着陸しようとする滑走路が見えないことも少なくありません。とくに秋の朝は、前夜の気温が低く、当日気温が上がると霧が発生します。こんなとき、パイロットはどうしているのでしょうか。

通常の飛行では、最終的にパイロットが目視して着陸しなければならない場合がほとんどです。だから「滑走路が見える」ことが重要ですが、霧が出ると上空から滑走路が確認できないことが多くなります。

このようなときに頼もしいのが、成田をはじめとする主要空港に装備された、「ＩＬＳ（Instrument Landing System）」と呼ばれる計器着陸装置の存在です。**ＩＬＳは、着陸してくる飛行機に対し、空港から電波を発して誘導しています**。その電波は、「ローカライザー」と「グライドパス」からなり、ローカライザーは滑走路の中心からのズレを、グライドパスは滑走路に進入する角度（傾斜）のズレを知らせる役割をしています。

日本の空港とILSの性能

カテゴリー区分	ILS を実施している空港
CAT-Ⅲ	新千歳、釧路、青森、成田、中部、広島、熊本
CAT-Ⅱ	羽田、中部、関西
CAT-Ⅰ	稚内、旭川、女満別、帯広、函館、三沢、秋田、山形、新潟、小松、静岡、名古屋、但馬、伊丹、神戸、岡山、高松、徳島、松山、福岡、佐賀、長崎、大分、宮崎、鹿児島、奄美、那覇、久米島、ほか

精度の高いILSを備えることで、視界が悪い場合でも安全に着陸でき、欠航率が大きく改善されている。

飛行機は、滑り台をすべり降りるように滑走路に進入してきます。この幅や角度には正しい経路があり、ILSはこの滑り台から落ちないように、正確な位置を教えてくれるのです。

左右どちらにズレているのか、あるいは角度が急過ぎるのか緩過ぎるのかなど、いまどのような状態にあるのか、コクピットの操縦席前のディスプレイに表示されています。

このILSの性能は、上の表で示しているように、空港によって異なります。「カテゴリー」という言葉でⅠからⅢまで分類され、数字が大きいほうが精度が高く、より視界が悪い状態での安全な着陸が可能です。

空港の顔！駐機場（エプロン）の形は個性的

空港には、「エプロン」という場所があります。これは飛行機が駐機する場所のこと。わたしたちが利用する「旅客用エプロン」では、乗客の乗り降りのほか、荷物の積み下ろしや、燃料の補充（給油）、整備なども行なっています。

エプロンという名前は、滑走路から見ると、料理をするときに使うエプロンのように見えることからつけられました。四角い駐機エリアを前かけに、誘導路や滑走路の長い道路をヒモに見立てているという説があります。

このエプロンと呼ばれるエリアには、「駐機スポット」と呼ばれる飛行機が停まるスペースが設けられています。車にたとえると、エプロンは駐車場全体を、スポットは、車を駐車する一つひとつの枠をさし、駐機スポットにはそれぞれ番号がつけられています。

空港は大きく分けて、エプロンとターミナルビル（空港ビル）で構成されています。

エプロンとターミナルビルは、いくつかの形で組み合わされています。大きく分けると「サテライト」、「コンコース（フロンタル）」、「フィンガー」、それから「オープンエプロン」

サテライトの形

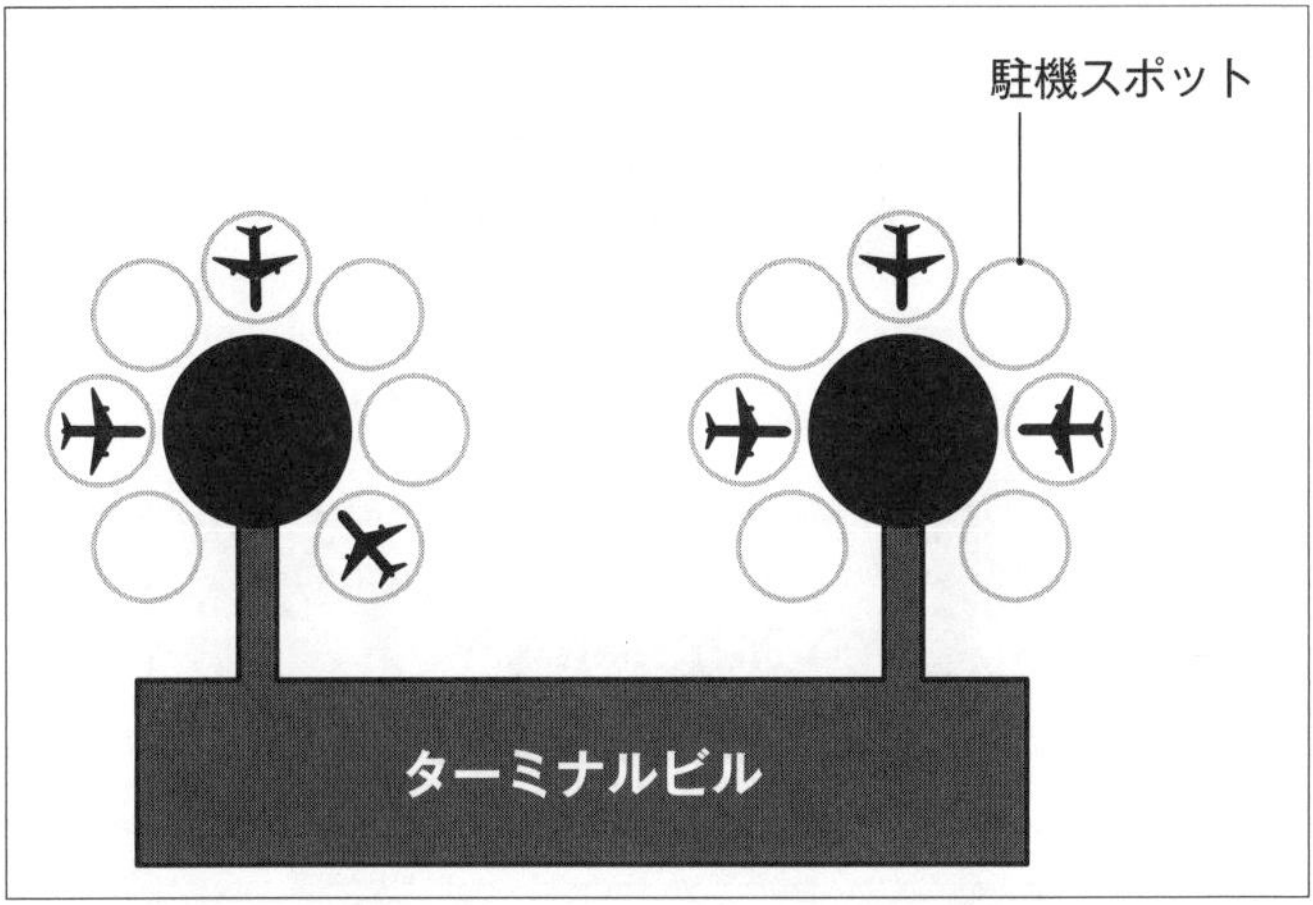

ターミナルビルから離れたところに小さなターミナルがあり、そのまわりに駐機スポットを設けたタイプ。

の4種類。これらは、限られた大きさのエプロンに多くの飛行機が停められるように、また、乗客が移動しやすいように考えて設計されています。

まず「サテライト」とは、成田国際空港のターミナルビルに見られる形です。サテライトは本来「衛星」という意味で、ターミナルビル本体から離れて存在するものといった意味合いで用いられています。

ターミナルビルとサテライトは通路で結ばれ、乗客はサテライトのまわりに設けられた搭乗ゲートから機内へと進みます。

つぎに、「コンコース（フロンタル）」と呼ばれるターミナル。これは羽田空港をはじめ日本の多くの空港で見られる、もっともシンプルなタイプです。ターミナルビル

コンコースの形

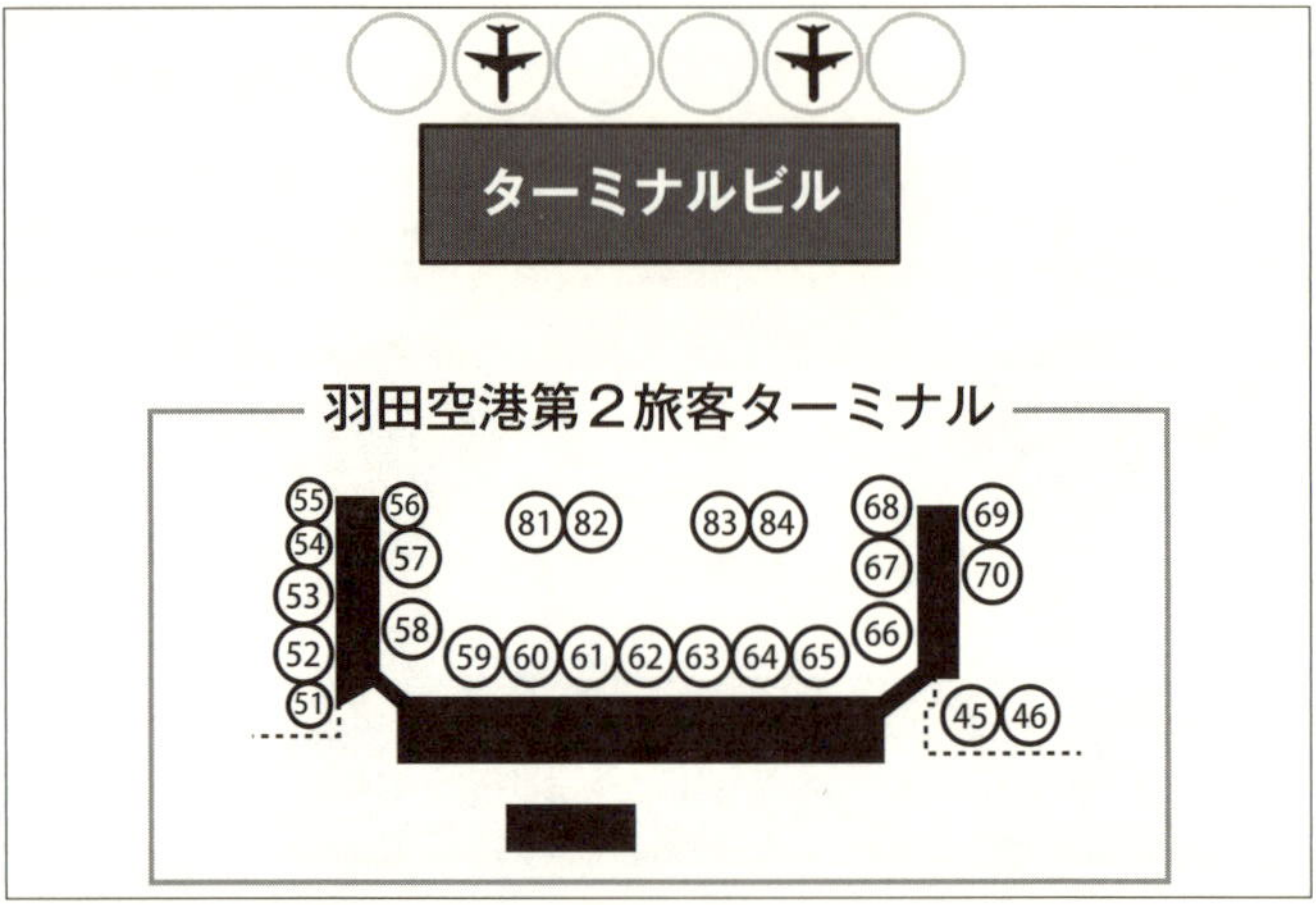

ターミナルビルの前に駐機スポットを一列に並べたタイプ。羽田空港はターミナルビルを増設して、駐機スポットの数も増やした。

に直接航空機を横づけするので、横に長い形をしています。手荷物検査場を抜けると、駐機スポットは左右に広がります。

羽田空港では取り扱う便が増え、これまでにターミナルビルが増築されてきました。現在のターミナルは、単なる横長ではなく、両側に増設した部分がくっつけられた、コの字型をしています。

搭乗ゲートの一番端までは何百メートルも歩かなければならないなど、移動に時間がかかりますが、空港ビル側も、歩く歩道をとり入れるなど、利用客に不便をかけないような工夫をしています。

「フィンガー」タイプのターミナルは、日本では伊丹《いたみ》空港や那覇《なは》空港などに見られる形です。

フィンガーとオープンエプロン方式の形

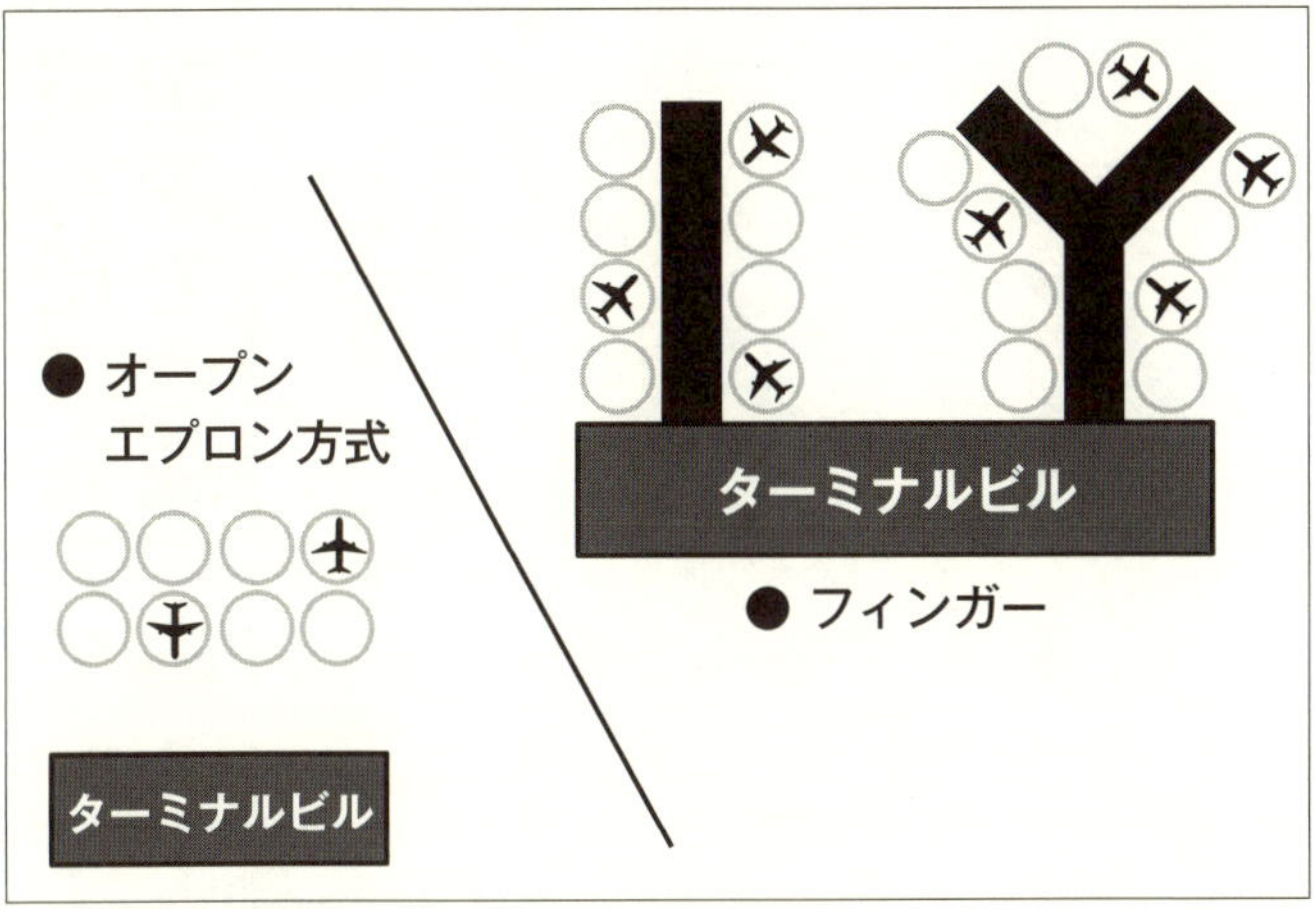

ターミナルビルからさらに棒状のターミナルを伸ばしたフィンガー（右）と、ターミナルビルから離れたところに駐機スポットを設けたオープンエプロン方式（左）。

ターミナルビルから、桟橋《さんばし》のように何本かの棒状のターミナルが伸び、このまわりに駐機スポットを設けています。これが手を広げた形に見えるため、フィンガーという名前がつけられたといわれています。

このほかにも、ターミナルビルから離れたエプロンに飛行機を駐機させてバスで連絡する「オープンエプロン方式」もあります。いわゆる「沖止《おきど》め」で、ターミナルからエプロンまでは徒歩やバスで移動し、ステップカー（136ページ参照）またはタラップと呼ばれる階段で飛行機に搭乗する空港もあります。

このタイプの茨城空港では、間近で飛行機の全体が見えることが、旅の楽しみの一つにもなっています。

飛行機は自力でバックができない！
空港で活躍するトーイングカー

　飛行機が出発するときは、いつも必ず後ろ向きに進んでいくことにはお気づきでしょうか。車が駐車場に前向きに停め、出るときにいちどバックするように、飛行機もいちどバックしてから、方向転換をしています。

　後ろに進むとき、じつは飛行機が自分の力で動いているのではありません。ここで活躍しているのが、「トーイングカー」と呼ばれる特殊車両です。トーイングカーは、地上で停まっている飛行機を牽引《けんいん》したり、押したりして移動させています。

　旅客機の重さは、乗客や荷物、燃料を積んだ状態では約３００トン、大きいものでは４００トンほどになります。これを押すために、トーイングカーのタイヤには、地面との粘着力を高める工夫がしてあります。

　そもそも、なぜ飛行機は自力でバックすることができないのでしょうか。それは、飛行機のタイヤに動力がついていないからです。飛行機が動く力は、主翼につけられたエンジンによってつくり出されています。エンジンから後ろ方向にガスを勢いよく噴射すること

フジドリームエアラインズが運航している小型ジェット旅客機・エンブラエルERJ-175を牽引するトーイングカー。

で動くため、地上で前進はできても、基本的に後ろに進むことはできないのです。

では、どのようにあの巨大な飛行機をバックさせるのでしょうか。それには、「トーバー」という棒を使います。機体の車輪とトーイングカーの先端をトーバーで固定し、ゆっくりと誘導路まで押し出していくのです。

このような、トーイングカーによって機体を押し出す作業は、「プッシュバック」と呼ばれています。

ぜひ、このプッシュバックのようすを、展望デッキで観察してみてください。離着陸だけでなく、飛行機が駐機スポットを離れて出発していくようすも、なかなかおもしろいものです。

あの車は何？まだまだある空港の特殊車両

飛行機への搭乗を待つあいだに、外を眺めたことはありますか？　エプロンでは、「トーイングカー」（132ページ参照）以外にも、さまざまな種類の車両が走り回っています。これらの車は「GSE（Ground Service Equipment）」と呼ばれ、航空機の運航のため、出発準備のあいだに働く車の総称です。

エプロン内でもっとも多く見かけるのは、「コンテナドーリー」という車両。貨物のコンテナを牽引する台車で、よく5〜6個のコンテナを1列につなげて走っています。

それから、「ローダー」と呼ばれる荷物の運搬車もGSEの一つ。飛行機のローダーにはいくつか種類があり、「ハイリフトローダー」と呼ばれる車両は荷台を上下、前後に動かせる機能を持ち、コンテナドーリーで運んできたコンテナを荷台に乗せると、機体の近くまでローラーでコンテナを動かします。それをこんどは持ち上げ、貨物室へとローラーで運んでいます。

「ベルトローダー」と呼ばれる車は、乗客の手荷物などのバラ積み荷物をベルトコンベア

写真：Jamesshliu CC BY 4.0

空のコンテナとともに駐車されているコンテナドーリー。車体はそれほど大きくはない。

で流して機体後方の貨物室「バルクカーゴ」へ輸送する役割を担っています。ベルトコンベアを、機体に向かって斜めに長く伸ばした車が、このローダーです。

航空機の駐機中には、燃料の給油も行なわれています。ここで活躍するのが、「サービサー」と呼ばれる給油車です。

主翼の真下で作業している小さなハシゴ車のような車両を見かけたら、この車両かもしれません。飛行機の給油口は主翼の下にあり、ここにポンプから給油を注ぎ込んでいるのです。

主要空港をはじめ、ジェット機が乗り入れる多くの空港では、空港の敷地の地下にパイプラインが敷かれています。燃料は、空港にある貯蔵タンクからこのパイプライ

機体の後方で作業をするラバトリーカー。航空機のタンクに汚物を吸引するホースを接続している。

ンを通り、地上の給油口からサービサーを通じて機体へと補給されています。サービサーに燃料を積んでいるのではなく、パイプラインから機体へと燃料を送る、送油ポンプのような役割を担っているのです。

また、航空機のラバトリー（化粧室）から出た汚物を処理する「ラバトリーカー」と呼ばれる車両も活躍しています。

ラバトリーカーは、航空機のタンクから汚物を抜きとっているため、臭気が機内に充満することはありません。

さらに、搭乗するときに使う「ステップカー」もGSEの一つです。通常、機体とターミナルビルはボーディングブリッジ（搭乗橋）でつながり、外に出ることなく搭乗することができます。

機体の前方左側のドアに接続したステップカー。航空機に合わせて、ステップの高さを変えることができる。

しかし、ターミナルビルから離れた場所に駐機された航空機の場合は、近くまでバスや徒歩で移動し、機体に外づけされた階段から機内に入ることがあります。これが「ステップカー」といわれるもので、階段を上る前に間近で機体を見ることができるため、人気です。

ステップカーは、屋根つきのものが使われることがほとんどです。しかし、特別なときには屋根なしの車両が使われることもあります。

たとえば、各国のＶＩＰなどが来日した際、手を振りながら飛行機を降りてくる姿をテレビなどで目にしたことがありませんか？　その階段を搭載しているのが、ステップカーです。

成田混雑の原因の一つ！滑走路の数と長さの深い理由

羽田空港には現在４本の滑走路があり、日本の空港では最多です。複数の滑走路がある場合、通常平行に並んでいますが、羽田空港は少し特殊。空港ターミナルを囲むように、４本の滑走路で漢字の「井」を描くような四角い形をしているのです。

複数の滑走路があると、それだけ多くの飛行機を離着陸させることができます。とくに平行に並んだ滑走路を離陸用と着陸用に分けて使えば、一定間隔で飛行機を誘導すればいいため、効率よく運用することが可能です。一方で滑走路が２本あっても、それぞれで離陸と着陸がある場合は、非常に効率が悪くなります。

たとえば以前の成田空港では、滑走路が２本平行に並んでいても、一方は２１８０メートルと短く、国内やアジアなどの短中距離線の飛行機しか離着陸できませんでした。欧米路線を飛ぶ飛行機は、もう一方の滑走路（４０００メートル）を使用しなければならず、空港周辺が混雑してしまう原因の一つになってしまいました。

滑走路には長さのとり決めもあります。小型ジェット機は最低でも１５００メートル以

羽田空港の滑走路

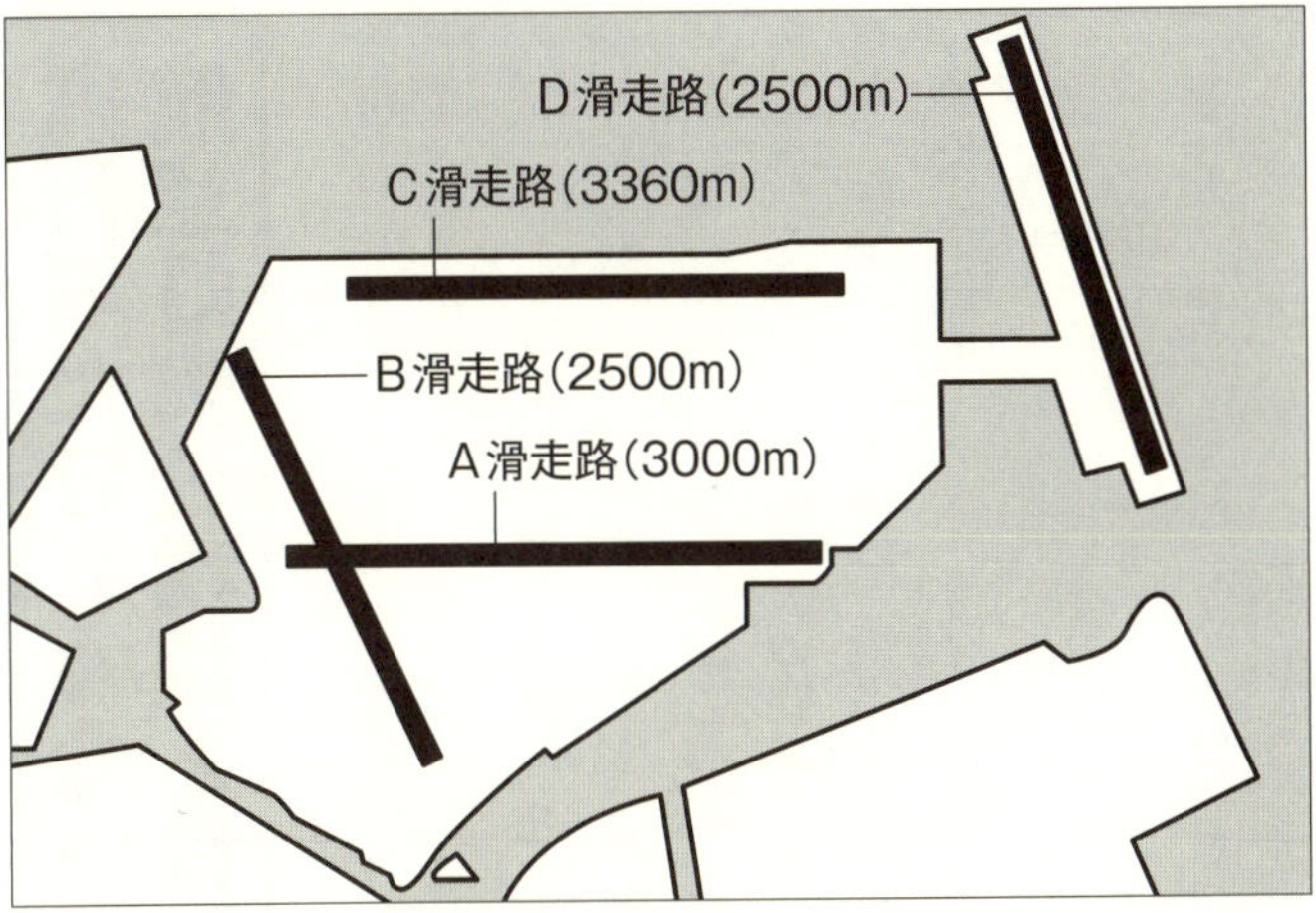

A滑走路とC滑走路が平行する一方、横風用のB滑走路とD滑走路も平行して走る、めずらしい形をしている。

上、ジャンボジェットのような大型機になると、**国際線などの長い距離を飛ばす場合には、3000~4000メートルの長い距離が必要です。**

国際線を飛ぶ旅客機は、多くの乗客や荷物、燃料を乗せており、重い機体が浮き上がるまでに時間がかかるからです。

かつて、石垣《いしがき》空港は、1500メートルの滑走路を運用しており、羽田までの直行便を運航することができませんでした。必要な燃料を搭載できる大型の機体を飛ばすのに十分な長さがなかったからです。

2013年3月7日に開港した新石垣空港は、新滑走路が2000メートルに伸び、いまでは、羽田空港への直行便を結んでいます。

飛行場だけじゃない！航空灯火の種類と役割

飛行機の「道しるべ」の役割を担うのは、管制官だけではありません。「航空灯火《とうか》」と呼ばれる、滑走路のライトもその一つ。光によって旅客機の運航の手助けをする航空灯火のバリエーションは、数十種類にもおよびます。

おもなものを、紹介しましょう。空港に設置されているのが、「飛行場灯火」です。着陸時、滑走路から手前に伸びるのが「進入灯」。通称「アプローチライト」と呼ばれ、着陸する航空機に、最終進入の経路を示します。パイロットが着陸に向けて高度を下げてくると、今度は「滑走路灯」の出番。滑走路全体を白色で四角く囲み、輪郭《りんかく》を示します。

その滑走路のセンターラインには、「滑走路中心灯」というライトがついています。手前は「白」ですが、滑走路終端から９００～３００メートルは「白」と「赤」の交互、残り３００メートルになると、「赤」で危険信号を出しています。

「滑走路末端灯」というライトは、航空機が進入する手前側が緑、反対側に赤が点灯されています。「緑」はここから先は安全、「赤」はここから先は危険と知らせ、車の道路の信

飛行場灯火の概略図

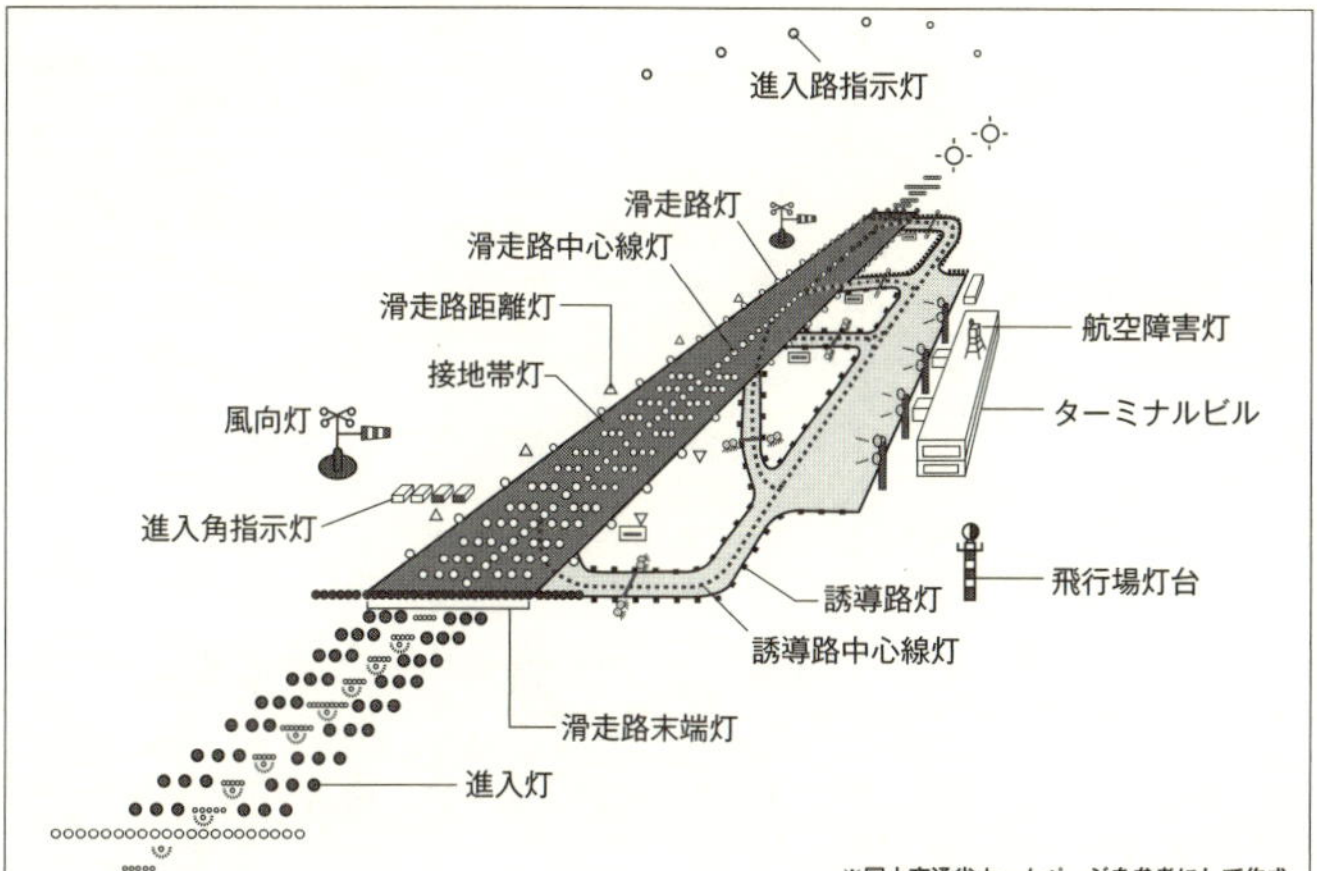

※国土交通省ホームページを参考にして作成

滑走路やその周囲には、進入灯や滑走路灯をはじめ、多くの飛行場灯火が設置されている。

号と意味は同じです。

航空灯火があるのは、空港だけに限りません。**旅客機の主翼の先端には「ナビゲーションライト」があり、左翼側は「赤」、右翼側は「緑」のライトがつきます。**

これは、対向機に進行方向を知らせるためで、たとえば、右側が赤く、左側が緑色に光っていれば、その旅客機は自分たちの方向に向かって飛んでいることがわかります。とくに夜間のフライトでは、これがパイロットの判断を助ける重要なシグナルにもなっているのです。

「夜の離発着は疲れていて眠ってしまう……」という旅行者も多くいますが、こうした航空灯火を知ると、夜の便でも楽しめるようになるのではないでしょうか。

空港建設の最重要ポイントは「風」！検討には3年以上も費やす!?

空港は、最低でも3年間、その地域の風向きを調査してから建設されています。空港建設でもっとも重要なのは、飛行機が離着陸するための滑走路。この滑走路には決まりがあり、その土地で一番よく風が吹く方角に向かって飛行機が離着陸できるようにつくられています。飛行機は翼に風を受けて発生した揚力によって飛ぶので、**離着陸時には向かい風が吹いていることがベストな状態**なのです。

その土地で、どのような風が吹くのか、方角や強弱などを調べるには、1年間では足りません。最低でも3年はかけて、綿密な調査が行なわれています。

滑走路の先端には、白い数字が大きく書かれています。「22」「34」「16」など、2ケタの数字です。これは、それぞれの滑走路がどの方角を向いているかを示す、世界共通の方法です。真北を360、真南を180として時計回りに進み、真東は090、真西は270と表わしたときに、この3桁の最初の2桁を取ったものが書かれているのです。

たとえば「22」なら、220度の方向——つまり、この滑走路は、飛行機から見て真南

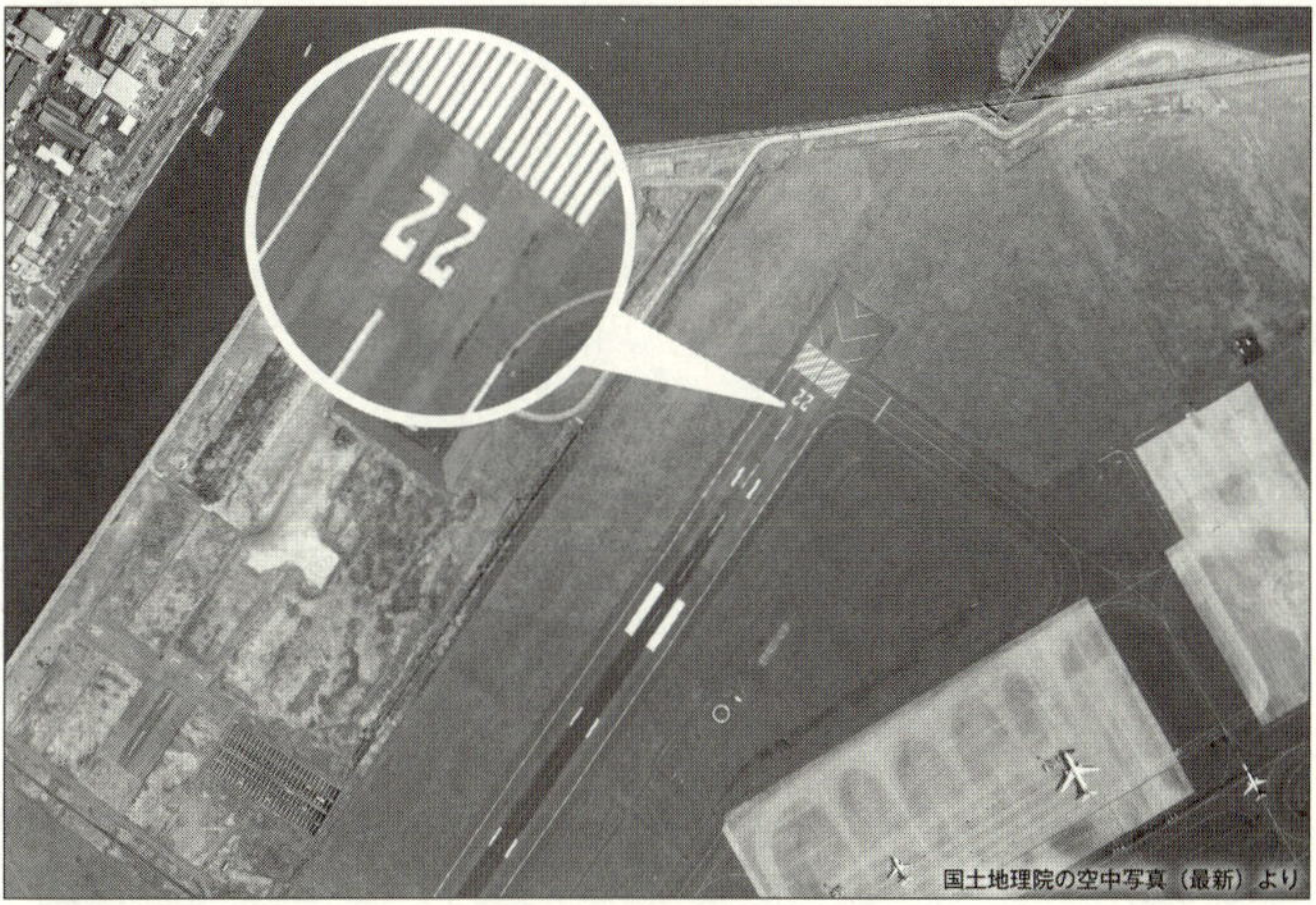

国土地理院が公開している羽田空港の空中写真。B 滑走路の端には、22 と書かれている。

から40度西に傾けて敷設されているということを意味します。

平行に2本の滑走路が並んでいる場合には、数字の後ろにアルファベットのR、またはLをつけ、Rは「Right（右）」、Lは「Left（左）」で区別しています。

なぜ、このような数字が必要なのでしょうか。これはパイロットが安全に飛行機を着陸させるためで、機首をその数字が示す方位に合わせれば、滑走路にまっすぐ進入することができるからです。

この数字が違っていて、飛行機が横風を受けたり、追い風を受けたりしたら、離着陸に影響が出かねません。だからこそ、風向きの調査には十分な時間が費やされているのです。

離着陸時もデジカメ撮影がＯＫに？
機内からの撮影を楽しもう！

空の旅の楽しみが一つ増えました。離着陸時の撮影が、できるようになったのです。

以前は、機内に搭乗してから出発まで、または「巡航飛行」といって、ある一定の高度と速度で飛んでいるあいだだけ可能だったデジカメ撮影。それが、２０１４年９月１日から、機内で使用できる電子機器の制限が緩和され、離着陸時を含め、いつでもＯＫになりました。

すべての乗客が搭乗すると、扉が閉まる前に「電子機器の電源をお切りください」というアナウンスがありましたが、ここにも変化が――「電子機器の電源を切るか、携帯電話やスマートフォンは機内モードにお切り替えください」という内容に変わったのです。

これは、大きな変化です。というのは、飛行機が離着陸するときこそ、外には絶景が広がっているからです。羽田空港からの出発の場合、東京の大都会の上を旋回していきます。

機内からの光景は、スカイツリーなどの展望台から見るのとはまた別世界。飛行機が一定の高度まで上がってしまうと、窓の外は雲ばかりになったり、地上が遠く離れてしまった

機内から撮影した、羽田空港の離陸直後。東京湾上空を旋回し、左奥にはレインボーブリッジが見える。

りするため、離着陸時こそがまさに見どころなのです。

デジカメに限らず、携帯電話やスマートフォンも、「機内モード」に設定すれば、ずっと電源を入れたままで問題なし。以前は、機内外で発信された電波による、コクピットの計器などへの影響が懸念されていました。いまは現在運航されているほとんどの旅客機で、電波への耐性が証明されているため安心です。

最近では、機内にＷｉ-Ｆｉの設備を備えた旅客機もあり、機内で撮った写真を、空の上から家族や友人にメールで送ったり、「いま、空の旅を満喫中です」のように、ＳＮＳなどでリアルタイムに投稿したりすることも可能になりました。

飛行機には左側からしか乗り込まない。けれど、その理由は？

飛行機に乗り込むのは「左側」から——これは世界共通のルールです。

小さい飛行機は機体前方の1カ所のドアから、大きい飛行機では前方のドア2カ所を使って搭乗しています。空港のターミナルビルと旅客機をつなぐ「ボーディングブリッジ（搭乗橋）」も、必ず機体の左側に伸びて装着されています。

乗客が飛行機の左側から乗り降りするようになったのは、船の世界の慣習が関係しています。船は昔、船体の左サイドを港に向けて接岸するのが決まりでした。手漕ぎの時代には、船尾の右側に舵板《かじいた》が取りつけられていたため、船体の右サイドは港に接岸しにくかったからです。そこで、船は左サイドを港に向けて接岸し、乗客の乗り降りや荷物の積み下ろしを行なうようになりました。船の左側を「ポート（港）サイド」と呼ぶ慣習は、現在でも続いています。

左から乗り降りする以外にも、**旅客機には、船の世界からきているさまざまな慣習があります**。たとえば機体のことは「シップ」、機長のことは「キャプテン」と呼びます。い

船と同じ灯火や呼称

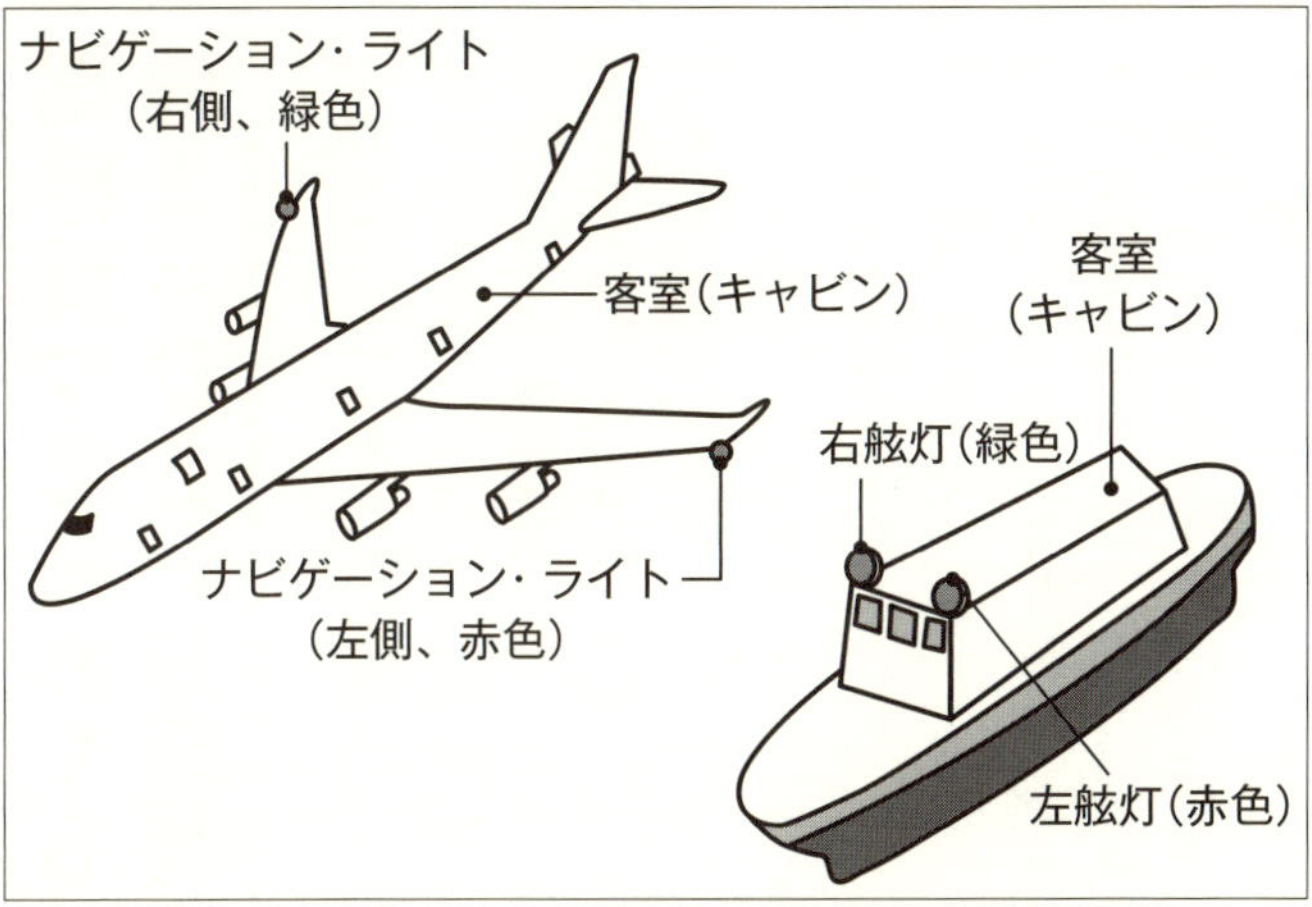

飛行機のナビゲーション・ライトも、船の右舷灯が緑色、左舷灯が赤色と決められていることにならっている。

ずれも船の世界に習ったネーミングです。乗客が乗り込む客室を「キャビン」といい、客室乗務員を「キャビンクルー」というのも同様です。

また、パイロットの肩章《けんしょう》のラインの数は、4本線は機長、3本線は副操縦士と決められていますが、これも船の世界から引き継いでいることです。

さて、旅客機は、機体の大きさや乗客数によって、機体に備わったドアの数が異なりますが、前方左の乗り降りで使うドア以外は、いつ使うのでしょうか？

これらのドアは、機内食や備品などを搬入する「サービスドア」や、緊急時の脱出用（178ページ参照）として、大事な役目をはたしています。

燃料費ってどれくらいかかるの？ 約１４０トンも燃料を積むってホント？

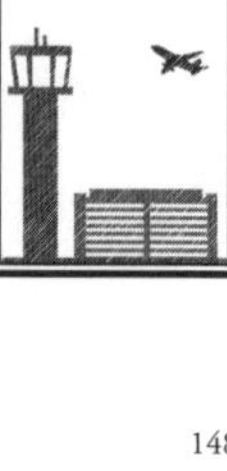

飛行機を1回飛ばすのに、どれほどの燃料が必要なのでしょう。国際線か国内線か、またその距離によっても大きく変わりますが、飛行機にいちどに搭載できる燃料は、日本と欧米などの長距離線を結ぶボーイング７７７でいうと、最大で約17万リットル――これは大きなドラム缶で約８５０本分、25メートルプールの半分強に相当し、重さは約１４０トンにもおよびます。

とはいうものの、**飛行機は燃料を満タンに積むことはありません**。給油の際に「満タンで！」などと気軽にいえないのは、機体の最大重量が決められていて、燃料のほかにも、乗客や乗員、荷物などを搭載しなければならないからです。燃料が多いほど安心というわけではなく、飛行機が重いほど燃費が悪くなり、燃料をたくさん消費してしまうのです。

このような理由により、燃料は毎便「必要な量」だけを搭載することになっています。これは、出発空港から目的地や代替飛行場までや、飛行場上空で30分待機しながら飛行できる量に加え、地上での滑走に必要な量のことです。

旅客機に給油を行なうサービサー(給油車)。車体から主翼にあるタンクの給油口に、ホースが伸びている。

さらに悪天候や混雑が予想される場合には、予定より長く飛行する可能性があるため、その補備《ほび》燃料を搭載しています。

これらの燃料は、機体のどこに積まれるのでしょうか。燃料タンクは、左右に伸びる主翼の内部に備えつけられています。主翼の裏側に給油口があり、毎回飛行機が出発する前に補給されているのです。

膨大《ぼうだい》な量の燃料を給油するのにかかる時間は、国内線では約20分、国際線では約1時間ほど。

さらに、この燃料にかかる費用は、旅客機1便を運航して売り上げる金額の、およそ30％にもおよびます。コストが高く、重い燃料は、必要な量だけが綿密に計算され、飛行機に積まれているのです。

荷物はどこに積載しているの？ ペットは機体のどこに乗る？

機体に持ち込める荷物は一つまで、それも重量やサイズの制限がつきまといます。それ以外の荷物は、チェックイン時にカウンターで預け、ベルトコンベアによって運ばれ、乗客が乗るキャビン下の貨物室へと積み込まれます。

通常の荷物のほか、ペットといっしょに旅行したいという人たちはどうするのでしょうか？　残念ながら、いっしょに機内で過ごすことはできません。国内線の場合、「バルクカーゴ」といって、機体後部にある貨物室へ積み込まれます。この貨物室は、ペットが乗り込むときには、客室と同じくらいの温度が保たれるように設定され、換気など、専門家のアドバイスが反映されています。

ペットは、専用のケージに入れて、自分のスーツケースといっしょに手続きします。手続きの後は、出発の15～30分前まで空調の効いた空港カウンターまたは保管スペースで大切に預かってくれるので安心です。

その後、預かったケージを係員が一つずつ貨物室へ運びます。この貨物室では、温度や

バルクカーゴへの搬入・搬出口を開けた機体。荷物を輸送するための車両・ベルトローダーが横づけされている。

湿度、気圧などがコントロールされていますが、飛行機のエンジン音や振動、暗さなどが大きなストレスになることも少なくありません。

ペットの安全を守るためには、航空会社だけでなく、飼い主側の配慮も必要です。

ブルドッグやシーズーなどの短頭犬種は高温に弱く、揺れなどにも影響を受けやすいといわれます。とくに夏場の暑い時期は、預かりサービスを控えている航空会社も少なくありません。そのほかにも、夏は保冷剤、冬は使い捨てカイロを用意したほうがいいと案内する会社もあるようです。

海外では、座席の足もとに納まるサイズの小さい動物に限って機内への持ち込みを許可している会社もあります。

力士やスポーツ選手はどうするの？ 乗客の重さと、そのバランスの妙

安全な飛行のため、各航空会社がフライトの前に行なうことの一つが、旅客機の重量と重心位置の確認です。**機体全体の重量を算定し、規定の範囲を超えていないかチェックすることを、「ウェイト・アンド・バランス」といいます。**

飛行機はエンジンの性能や機体の強度から、離陸できる最大の重量が決まっています。重ければ重いほど、機体が浮き上がるのに時間がかかります。つまり、短い滑走路の空港では、離陸できる重量は小さくなってしまいます。

乗客がチェックインする際には、預ける荷物の重量が計られ、一定の重さを超えた場合には超過料金をとられることがあります。これは、たんなるお金稼ぎではなく、航空機の総重量に制限があるため、一人あたりの荷物を抑えたり、どのくらいの重さがあるのかを知ったりすることが重要なのです。

それなら、預ける荷物だけでなく、乗客や機体に持ち込む手荷物の重さも測ったほうがいいのではないかと思うかもしれません。

飛行機の重心位置があたえる影響

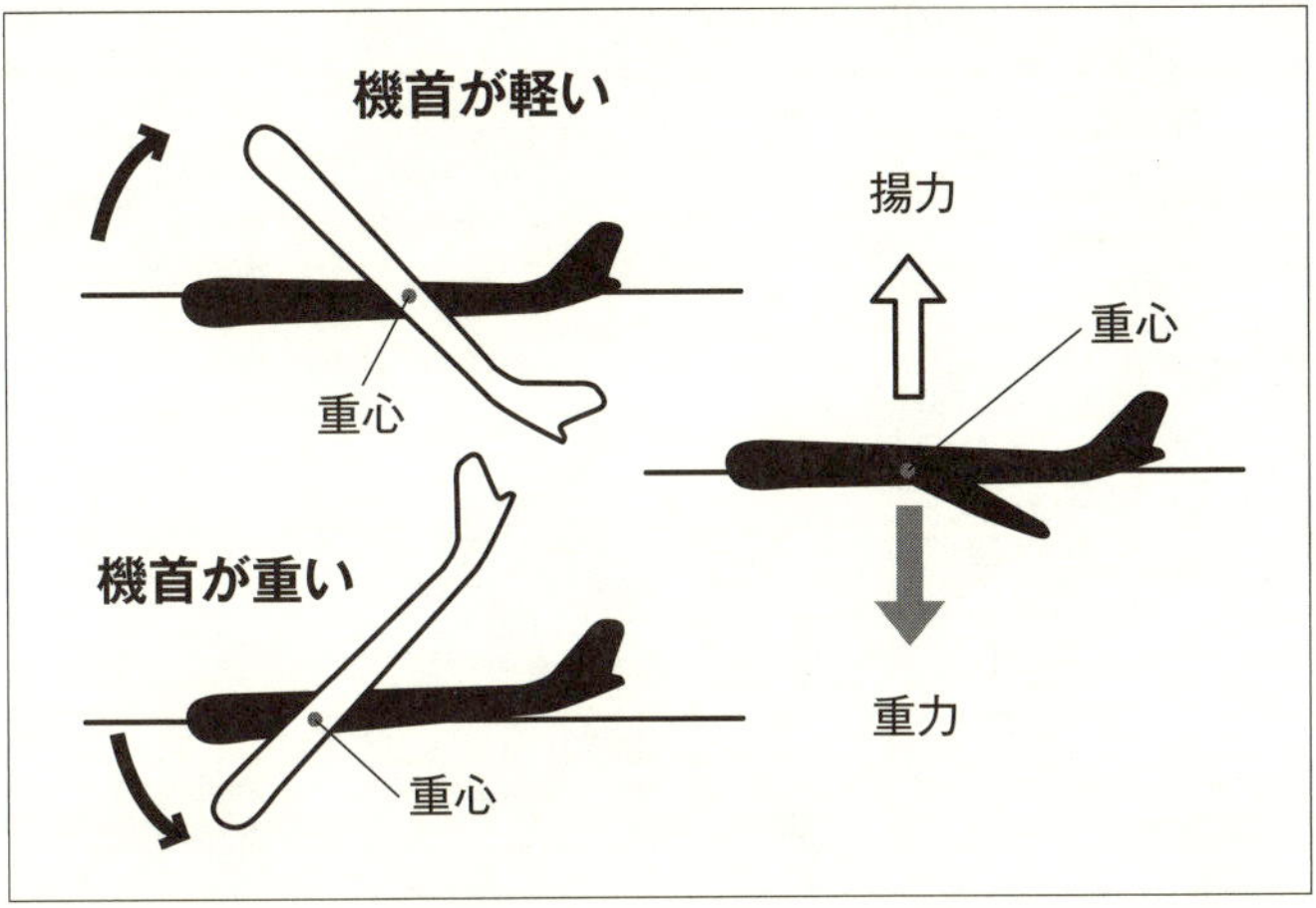

重心が機体の後方になると機首が上がり、反対に重心が機体の前方になると機首が下がってしまう。

それができれば確実ですが、乗客の体重を測ることはまずありません。

実際には、乗客一人65キロ、手荷物10キロと仮定するなど、平均の重さで計算し、前方の席に何人、中央に何人、後方に何人というように、概算を出しています。

大相撲の力士のグループが乗り込んできたらどうでしょうか？

普通の2〜3倍の重量が座席の一方に偏ると、飛行機が傾いてしまうこともあり得ます。そのため、力士や体格のいいスポーツ選手が乗る場合は、例外的に事前に体重のリストをもらうなどして、特別に計算をしています。

また、**航空機は前後のバランスがとても重要です。**

ターミナルにある手荷物の受付設備。手前で大きさを確認してから、奥で重量を計って預ける。

飛行機は、中心部から前後に長い形をしているため、少人数であっても最前列から最後列に移動するとバランスに影響をおよぼします。

天秤を想像するとわかりやすいのですが、釣り合っている天秤のどちらかに重りを加えると、一方が傾きます。

旅客機も、乗せる荷物の重量があちこちに偏ったり、乗客が移動したりすることで、同じような現象が起こってしまうのです。

搭載物の配置は、乗客の人数や座席の配置状況、手荷物の個数、貨物の大きさや重量などを考慮しながら決めていきます。

最終的に計算した飛行機の総重量や重心位置は、出発前に機長へと知らされることになっています。

part4

緊急事態はどうするの?
空と地上の意外なルール

台風や火山の噴火時は飛行機が欠航？ 航空路はどうなるの？

夏から秋にかけて、日本では台風が航空機の運航に大きな影響をおよぼします。ただ、台風でも飛行機が飛べるときと、欠航してしまうときがあります。その違いは一体何なのでしょう。

台風で問題となるのは、「風向」と「風速」です。どんなに強い風でも、滑走路の正面から風が吹いているときは、飛行機は離着陸することができます。ところが、同じ強さの風でも滑走路の真横から吹くと、横風制限に引っかかって飛べなくなります。横から強い風が吹くと、機体があおられて翼が地面につき、大事故を起こしかねないのです。

横風制限はおおむね25ノット（秒速約12・5メートル）で、これを超えると運航が中止されます。これらの制限値は飛行機の機種や、天候による滑走路の滑りやすさなどによっても異なります。

また**各航空会社は、この範囲内でそれぞれの制限値を設定するため、A社の飛行機が飛べてB社の飛行機が飛べないという事態も起こります。**同じ路線で同じ時間帯に出発する

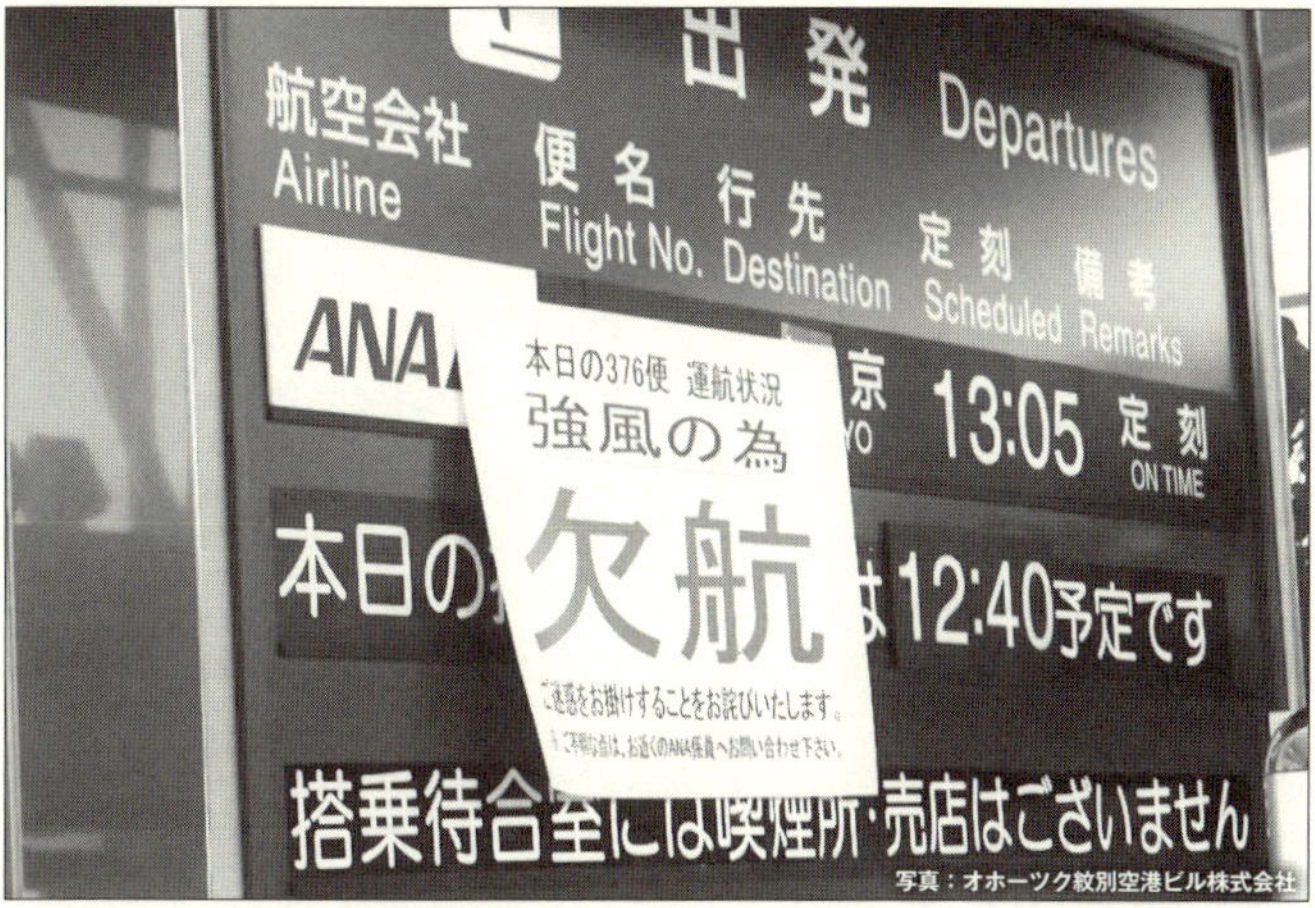

写真：オホーツク紋別空港ビル株式会社

強風による欠航を伝える案内板。横風制限は、雨や雪により滑走路が滑りやすくなると、それだけ制限値がきびしくなる。

便でも、「（自分が乗る予定の）B社はさっき欠航が発表されたのに、A社はまだ飛んでいるじゃない」と、残念な出来事が発生するのはこのためです。

航空会社が、台風のなかでも飛行機を運航すると決めた場合、もちろん安全には十分な注意を払います。

飛行ルート上に台風があるときは、風が強く、揺れる可能性のある空域を避けて飛んでいます。

発達した台風は、飛行機の通常の高度である1万メートル以上に達するため、基本的には台風を飛び越えることはできません。

安全な運航のために、ほとんどの飛行機は迂回《うかい》して飛ぶため、上空が混雑したり、飛行距離が長くなってしまったりすること

御嶽山周辺のRNAV国内航空路

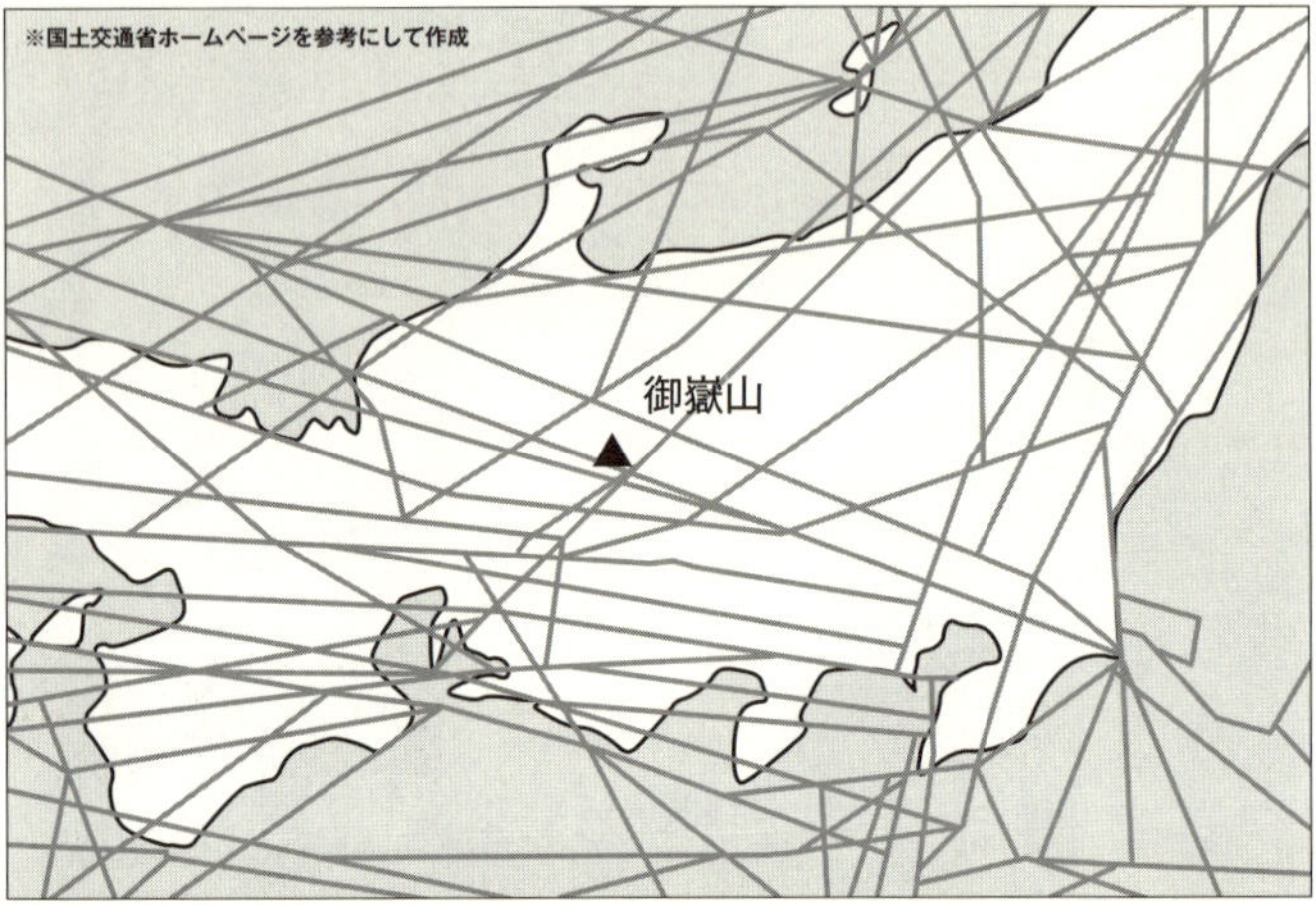

中部地方の中心付近に位置する御嶽山。周辺は、多くの路線の飛行ルートとなっているため、どの方向に風が吹いても影響が発生する。

があるので、時間には注意が必要です。

また、**台風の影響を受けていない路線であっても、便が欠航してしまうことがあります。これは「機材繰《ぐ》り」による理由が考えられます。**

たとえば、九州に台風が接近していて、鹿児島から羽田に向かう便で欠航が生じたとします。

この便で使用する予定だった機体が、羽田に着いた後に東北地方へ飛ぶ予定だった場合はどうでしょうか。機体は鹿児島で足止めされているために、当然羽田から東北へ飛ぶ便は欠航しなければなりません。

数多くの機体を保有している航空会社では、スタンバイ機を使ったり、天候を見ながら事前に機材繰りを調整したりして、当日の影響が少なくなるようにしています。しかし、機体の保有数の少ない航空会社では、機材繰りがうまくいかず、欠航につながる可能性があるのです。

火山が噴火した場合は、どうでしょう。噴火口から吹き出した火山灰は、上空まで舞い上がります。**火山灰には、ガラス成分や岩石の細かい破片などが含まれ、それがジェットエンジンに吸い込まれると、高温で溶けて内部に付着したり、目詰まりしたりすることも。**すると、エンジンの機能が低下し、しまいにはエンジン停止などの事態を引き起こしてしまいます。

現在、火山の噴火活動はある程度予測できるので、飛行中に火山灰を吸い込むというケースは避けることができます。しかし、いちど噴火がはじまると、火山灰は広範囲に広がり、それが空気中に浮遊する期間も長期におよびます。火山の噴火はそれほど多くないとはいえ、飛行機への影響はとても大きいのです。

日本では、２０１４（平成26）年11月27日に長野県と岐阜県の境に位置する御嶽山《おんたけさん》が噴火しました。現地付近の上空は一部の路線の飛行ルートとなっていたため、多くの路線がこの空域を避けて運航するという対策がとられました。遠回りコースで飛ぶため、通常の飛行時間より長くかかるだけでなく、余分な燃料を搭載しなければならず、航空会社にも多大なロスを与えました。

雷が落ちても飛行機は大丈夫？
天候とたたかう機体のヒミツ

「いまの音、雷だよね。大丈夫かなぁ。」

窓側の座席に座っていたときのこと。隣の女の子がそうつぶやいていました。突然、機体を伝わっていく強い光が目に入り、「ドカーン」と音が鳴って機体が大きく揺れる――そんな経験をしたことがある人もいるかもしれません。

世に恐ろしいのは、「地震・雷・火事・親父」といわれます。とくに上空では、恐怖を感じても逃げる場所がありません。そのぶん、心配が募ることもあるでしょう。

でもじつは、雷が機体に当たっても心配することはありません。乗客や乗員は、飛行機の金属ボディーによって守られているため、雷による被害が直接およぶことはないのです。「車に乗っていれば安全」とよくいわれるのと同じです。

ボーイング７８７のように、胴体が炭素繊維でできた機体は、金属とくらべて電気が流れにくく、雷に強いとはいえません。しかし、内側に銅製の網を埋め込んで電流を流す構造にするなど、開発段階で十分な雷対策がとられています。

気象レーダーのしくみと構造

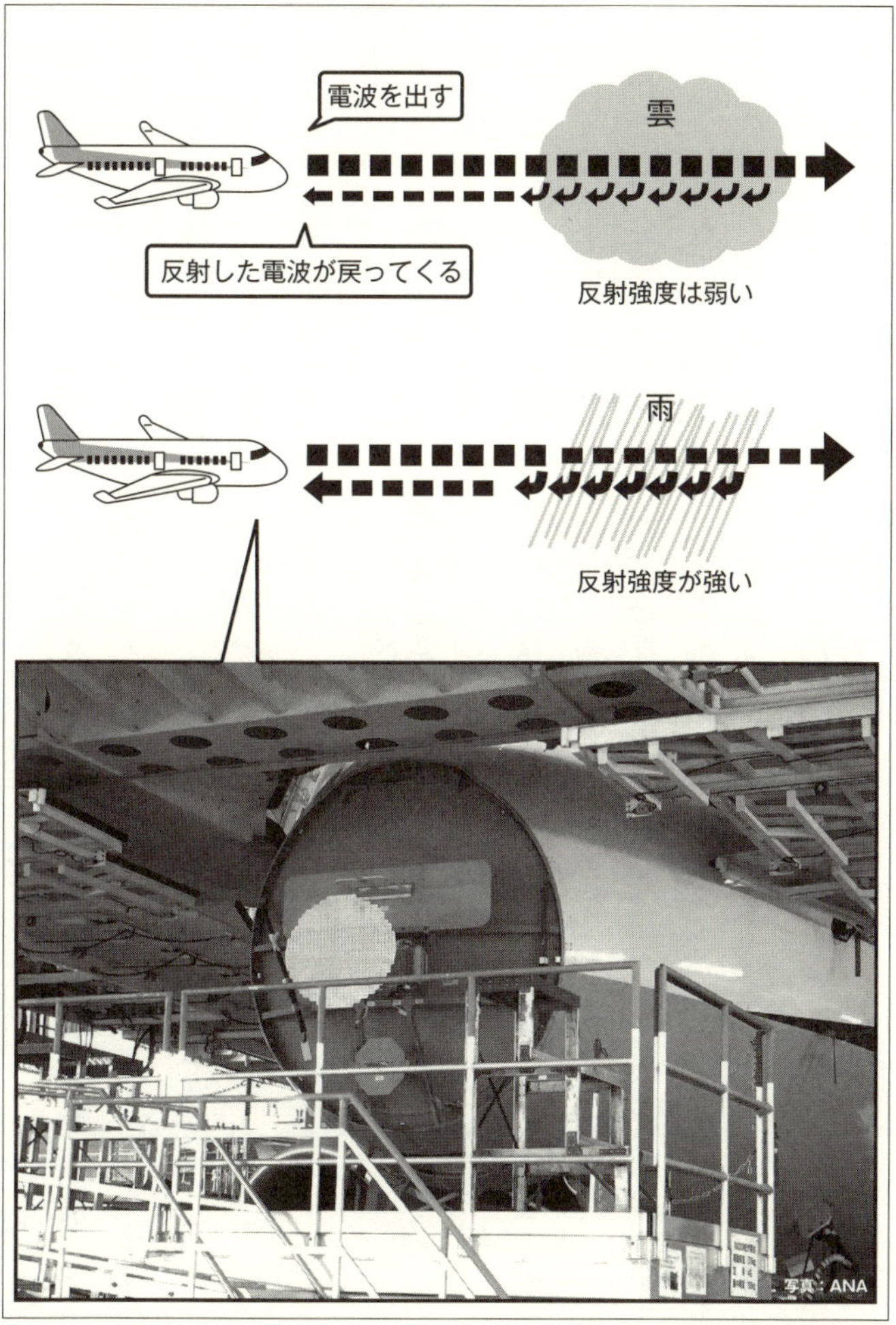

整備のために、先端部分を開けた機体。中央の白っぽく見える部分が、電波の送受信を行なう気象レーダー。

ただし、機体そのものは、雷に当たると跡が残ってしまうことがあります。雷を受けた、つまりは「被雷」した飛行機が空港に到着すると、整備士が入念にチェックをしますが、窓や胴体に雷の痕跡を見つけることも少なくないそう。客室の窓の一部に黒く焦げた跡がついたり、胴体にかすり傷がついたり、小さな穴が開いたりすることもあるようです。

ある整備士は、「多いときには被雷痕が数十個におよぶことがあります。このダメージが規定値を超えてしまうと、機体を飛ばすことができないので、すぐに修理にとりかかります」と言います。

また、飛行機の胴体の先のとがった部分には、「気象レーダー」といって、強い電波の反射を使って気象情報を調べる装置がついています。この装置は、これから飛ぶルートに雷雲がないかどうかを察知し、赤・黄・緑の3色でコクピット内にその危険度を表示します。パイロットは、この情報をもとに、雷雲を避けて飛んでいるのです。

それでも、雷を100%避けられるわけではありません。そもそも飛行機は、空中の空気と水分に触れて、摩擦を起こしながら飛んでいます。そのため、常に静電気が生じています。これが大きくなると被雷しやすくなるため、「スタティック・ディスチャージャー」と呼ばれる放電装置によって静電気を放出しています。主翼や垂直に高く伸びる尾翼から何本も飛び出ている、長さ10センチほどの針のようなものが、この装置です。電気は先の

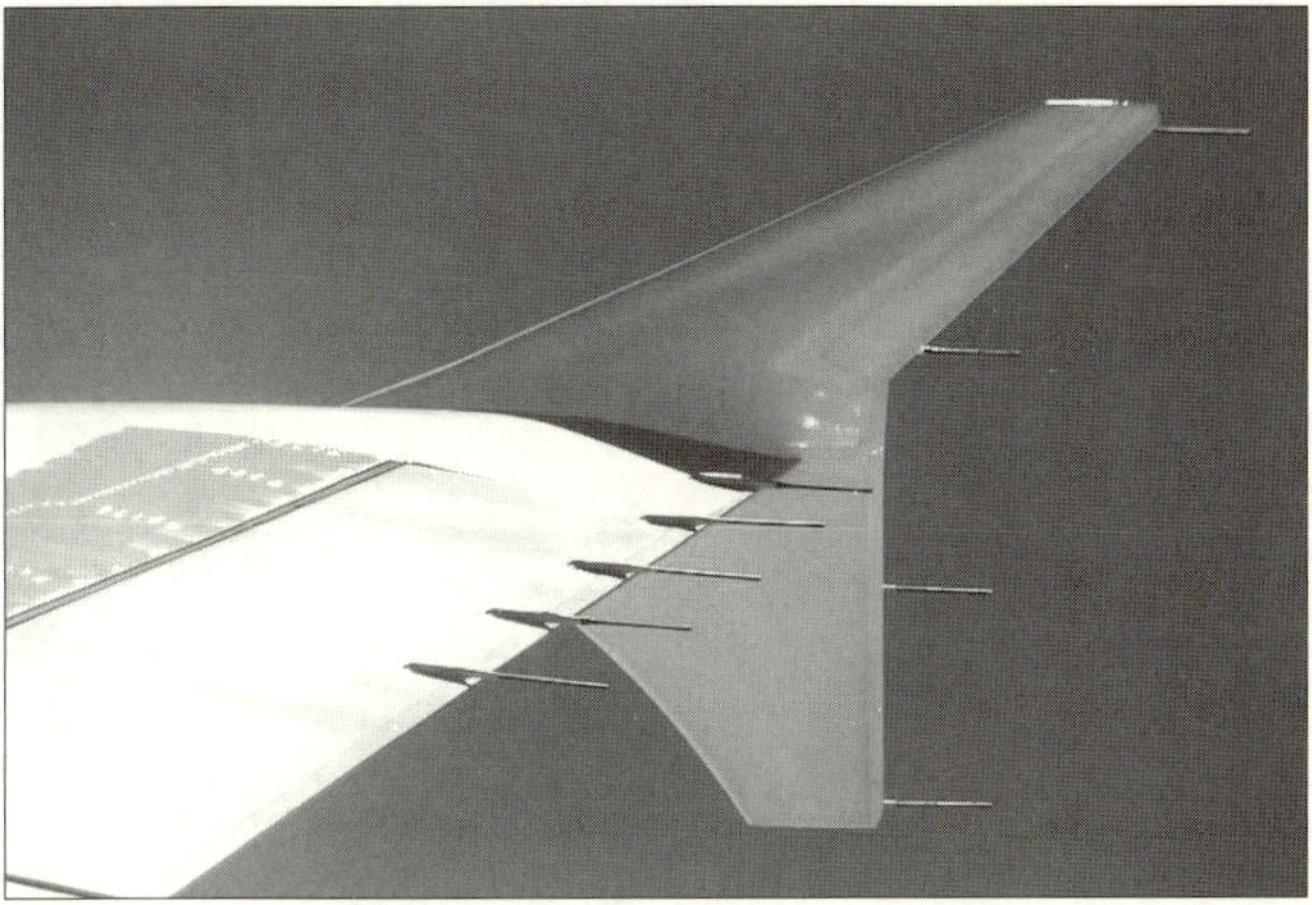

主翼と翼端には、静電気を放出するスタティック・ディスチャージャーがつけられている。

尖《とが》った部分から抜けていく性質があるため、被雷したときには避雷針の役割もはたしています。

さまざまな装置により、パイロットは雷を避けて飛ぶことができるようになっていますが、冬の雷には要注意です。

夏の積乱雲は遠方から見てもよくわかり、気象レーダーでも識別することが可能です。パイロットも、このような危険空域に突っ込んでいくことはまずありません。

しかし、冬の雷雲は背が低く、多くの雲が隠れている状態で、雷雲を確認しにくくなっています。この時期は、とくに日本海側にある空港での離着陸時に雷に当たることが多く、修理や機材繰りなどによる欠航も少なくありません。

「晴れた富士には近づくな」パイロットが恐れる乱気流

「晴れた富士には近づくな」――これはパイロットの合言葉です。

富士山登頂には、もちろん晴れの日がベスト。空の上からも、晴れた富士のほうがきれいに見えます。でも、そんな光景に惑わされていると大変。**晴れた富士山の周囲には、巨大な飛行機をもバラバラにしてしまう乱気流が発生するのです。**

乱気流とは、空気の流れが乱れて不規則になること。機内のアナウンスで、「みなさま、ただいま当機は気流の悪いところを通過しております」などと耳にしたことはありませんか？　英語名で、「タービュランス」といわれることもあります。

なかでも、山の風下に発生する乱気流は「山岳波」と呼ばれ、山を越えた気流が上下にうねっています。この気流は天候にかかわらず発生していますが、とくに晴れていて雲のない日には、肉眼で確認することができず、大変危険です。これが、「晴れた富士には近づくな」といわれる理由です。

実際、１９６６年にイギリスの旅客機が富士山麓で空中分解して墜落する大きな事故が

✈富士山で山岳波が発生するしくみ

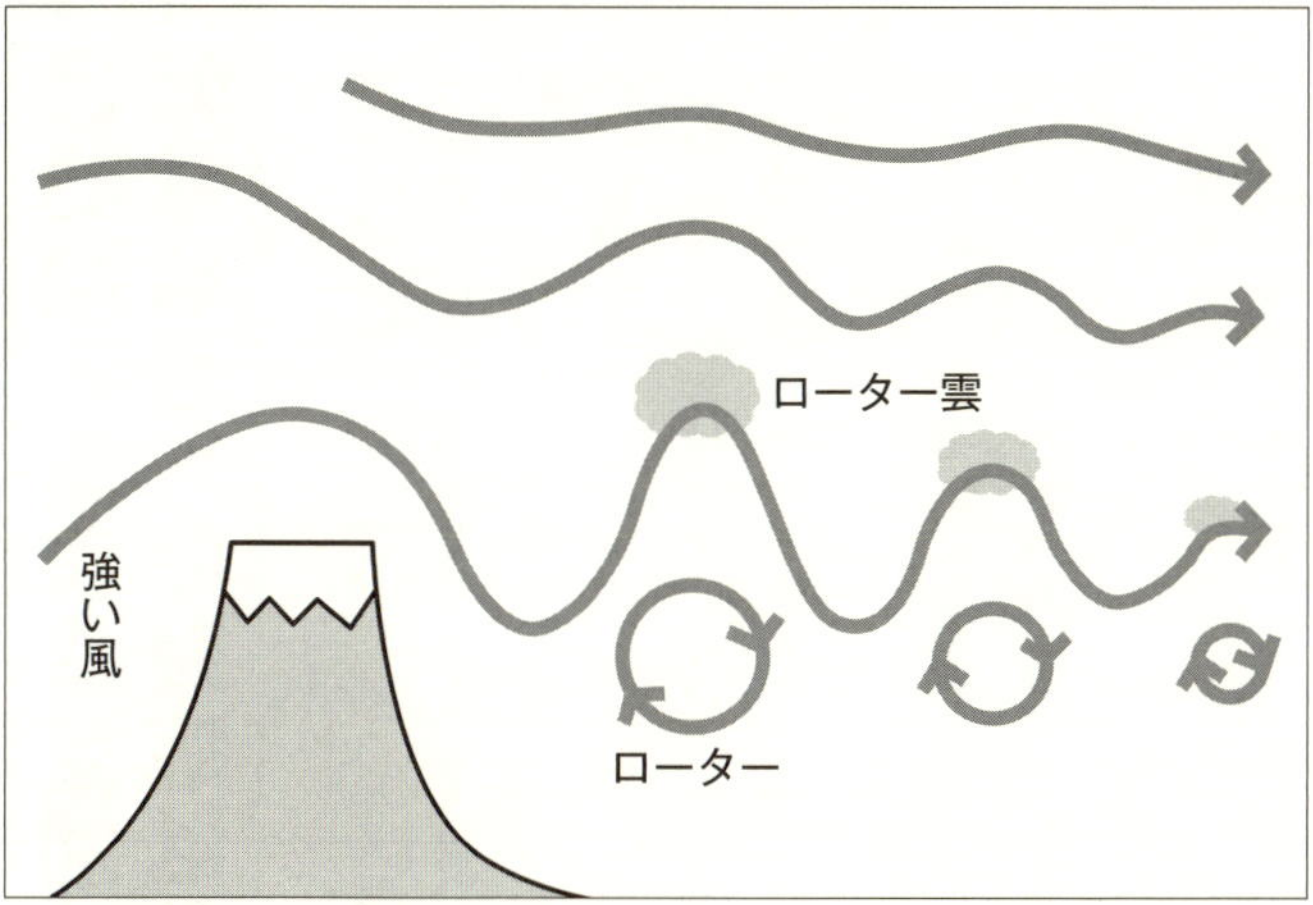

強い風が富士山を越えると、風下で気流が大きくうねる。上下に渦を巻くローターの上空には、ローター雲が発生する。

起こりました。乗っていた乗客と乗員の全員が犠牲になる大惨事でした。

乱気流は積乱雲の近くでよく発生しますが、雲の近くであれば見て回避することができます。目視できないものにこそ、注意が必要です。

乱気流に入った飛行機は、ガタガタと大きく機体を揺らして飛びます。そのあいだは、客室乗務員も機内サービスを一旦中止して、座席についてシートベルトを締めています。ときには機体が急降下し、バランスを崩したり、飲み物などがこぼれて火傷したりする危険もあるからです。

恐ろしい乱気流ですが、パイロットは常に安全な運航に努めているため、心配することはありません。

目的地と異なる空港へ!? 緊急事態への対応は？

飛行中に急病人が出て、一刻も早く病院に運ぶ必要があるとき、また機材の故障で長く飛べないと機長が判断したとき、天候の急変によって予定通りの着陸ができないときなど、目的地とは異なる空港へ着陸することがあります。これを、航空の世界では**「ダイバート」**といいます。

このような場合は、決められていた飛行ルートを変えて、通常通りに飛んでいるほかの飛行機を追い抜いたり、横入りしたりして着陸するため、管制官とのやりとりがとても重要です。

とくに急病人が発生した場合には、目的地の空港へ近づいていたとしても、急遽、より近くにあるほかの空港へ向かうことがあります。

1秒でも早く降りられる空港があると機長が判断した場合には、たった一人であっても人命が優先されるのです。

このような緊急事態のとき、飛行機はスピードを上げて飛ぶのでしょうか？

燃料を投棄しているボーイング747型機。主翼には、給油口とは別に、燃料投棄口がもうけられている。

　飛行機にも、自動車と同じように速度制限があります。羽田空港や成田空港などの決められた範囲では、高度1万フィート（約3000メートル）以下は、250ノット（時速約460キロメートル）以下で飛ばなくてはなりません。

　しかし、緊急事態では例外的に速度を上げることもあります。

　ただ、急いで空港までたどり着いても、機体が重すぎて、すぐには着陸できないこともあります。

　この場合は、空港付近を何度か旋回しながら燃料を消費したり、時間がないときには「燃料投棄《とうき》」といって、機体が安全に着陸できる重さまで燃料を機外に放出して重量を落としてから着陸します。

また、着陸して再出発するまでには、多くの準備が必要です。まず、本来の目的地までの燃料の積み直しです。この給油は、乗客が乗った状態ではできない決まりがあるため、乗客を一旦降ろさなければなりません。

急病人が使用した医薬品があれば補充し、さらに目的地の空港へ戻るためのフライトプランの作成も必要です。

このような準備には時間を要し、乗客は待合室で何時間も待たされることも少なくありません。乗客には苛立ちがつのります。航空会社の職員が一番苦労するのは、乗客のクレームへの対応かもしれません。

たとえば機材故障のケースでは、代替の機体があったり、すぐに修理できたりする場合には当日中に再出発することができますが、それに時間を要するときは、乗客はダイバート先の空港で足止めされてしまいます。

目的地で仕事や旅行の予定を立てている乗客たちは、当然のことながら少しでも早く出発したいと航空会社に迫ることでしょう。

このような場合、航空会社は、自社か他社かは問わず、ダイバート先から当初の目的地空港までの便に乗客を振り分けたり、陸路で移動できる場合は、ほかの交通機関への手配を行なったりします。

チェックインカウンターが開かず行列をつくる人々。天候不良でダイバートした場合は、乗客が自力で目的地の空港までの手配を行なうこともある。

夜遅くなり、目的地までの交通手段がなくなってしまった場合には、航空会社が宿泊やホテルまでの交通手段を手配することもあります。

このような手配は、通常は機材の不具合など会社都合によるものが対象です。

天候不良や急病人の発生などによる「不可抗力」が原因の場合は免責扱いとなり、乗客に負担がのしかかってしまうこともあるのです。

たとえ航空会社の責任ではなくても、旅行先の予定や宿泊先にまで影響が出てしまうと、残念な印象が残ってしまいます。

これだけはどうしようもできず、無事に目的地に到着できるように、ただ運を信じるしかありません。

日本でも川や高速道路に着陸可能？ 不時着のシビアな現実

「ハドソン川の奇跡」――2009年1月15日に発生した、USエアウェイズ1549便不時着水事故は、とても大きなニュースになりました。ニューヨーク・ラガーディア空港から離陸した直後、バードストライク（180ページ参照）が原因でエンジンが停止しました。飛行機はなんとハドソン川に緊急着陸し、乗員や乗客は全員無事に助けられました。

このようなケースのほか、海外では小型機が高速道路に着陸するというイレギュラーな事態がたまに発生しています。**セスナ機のような5人乗りほどの小さな飛行機であれば、道路への着陸もそれほど問題ないのかもしれませんが、これが大型機となると、ほぼ不可能**。なぜなら、大型機が着陸するために必要な滑走路の構造は、普通の道路と大きく異なるからです。

羽田空港のような大きな空港では、ほぼ数分にいちどの間隔で飛行機の離着陸が行なわれています。飛行機が着陸するとき、滑走路にはとくに強い力がかかります。着陸時の時速は約200キロ、重さは約250トンといわれています。

国内で起こった近年の飛行機不時着事故

2008年8月19日	大阪府八尾市	小型機	航空写真撮影を終え、八尾空港への着陸進入中、エンジンが停止し、道路上に不時着。機体を損傷。
2008年11月8日	鹿児島県枕崎市	超軽量動力機	試験飛行中、機体姿勢の変化が生じ、付近の畑に不時着を試みたが、着地の際に機体が大破。
2009年5月26日	福岡県大牟田市	小型機	試験飛行中、エンジンが停止し、造成地の作業用道路に不時着。
2010年4月18日	京都府福知山市	超軽量動力機	レジャーのため飛行中、エンジンが停止し、由良川河川敷に不時着。滑走したのち、用水路に転落。
2010年12月11日	宮城県黒川郡	超軽量動力機	場外離着陸場の周囲を飛行中、エンジンが停止し、付近の山地の斜面に不時着。
2012年5月13日	群馬県佐波郡	超軽量動力機	場外離着陸場の周囲を飛行中、エンジンが停止し、利根川河川敷に不時着。機体を損壊。
2013年9月23日	千葉県八千代市	小型機	遊覧飛行中、エンジンが停止し、稲刈り後の田んぼに不時着。
2013年11月16日	秋田県秋田市	小型機	航空測量のために飛行中、エンジンが停止し、旧秋田空港跡地に不時着。
2014年5月12日	福島県福島市	小型機	慣熟飛行の帰路でエンジン出力が増加せず、笹原に不時着し、機体を損壊。

ほとんどが小型機や超軽量動力機で、ジャンボ機の不時着事故は起こっていない。
海外でも代替滑走路への不時着は、多くが小型機による。

これだけの負荷が1日に何百回かかっても凹《へこ》まないのは、滑走路がとても硬くて強い構造になっているからです。

普通の道路では、砂利や土砂の上に、数センチの厚さのアスファルトが敷かれています。一方、滑走路の表面に敷かれるアスファルトの厚さは、約2～3メートルにもおよびます。

滑走路をつくるときは、巨大なローラーを何度も往復させて、アスファルトを敷いては固める作業をくり返しているのです。

日本でも、緊急着陸のニュースを見ることがありますが、その多くは、異常が発生した場所から近い空港に着陸していることがほとんどです。川や高速道路への着陸は、やはりリスクが高過ぎるといえるでしょう。

何があっても乗客を守る！ハイジャックへの対策

２００１年９月11日のアメリカ同時多発テロは、世界中を震わせる大事件でした。４機がハイジャックされ、そのうちの２機が世界貿易センタービルに突入したのです。
この事件以来、世界各国は航空保安対策の強化にとり組んでいます。たとえば、保安検査場でのチェックが、きびしくなりました。とくに国際線の検査では、全身をくまなくチェックされ、靴まで脱がされることもあります。何も悪いことをしていないのに、無事にゲートをくぐり抜けると、ホッとするという人もいることでしょう。
機内へ持ち込む荷物を制限するのも、保安対策の一つです。たとえば、ハサミやナイフなどの刃物類、ゴルフクラブなど、機内で凶器になり得るものは持ち込みが禁止され、あらかじめ手荷物カウンターで預けなければなりません。昔は機長の権限で招いてもらえることもあったコクピットのドアも閉められ、業務都合以外では入れなくなりました。
日本で初めて航空機にかかわるハイジャック事件が起こったのは、１９７０年３月31日のこと。日本航空３５１便（東京―福岡）が、上空で鉄パイプ爆弾を持った赤軍派９人に

航空における保安対策の強化

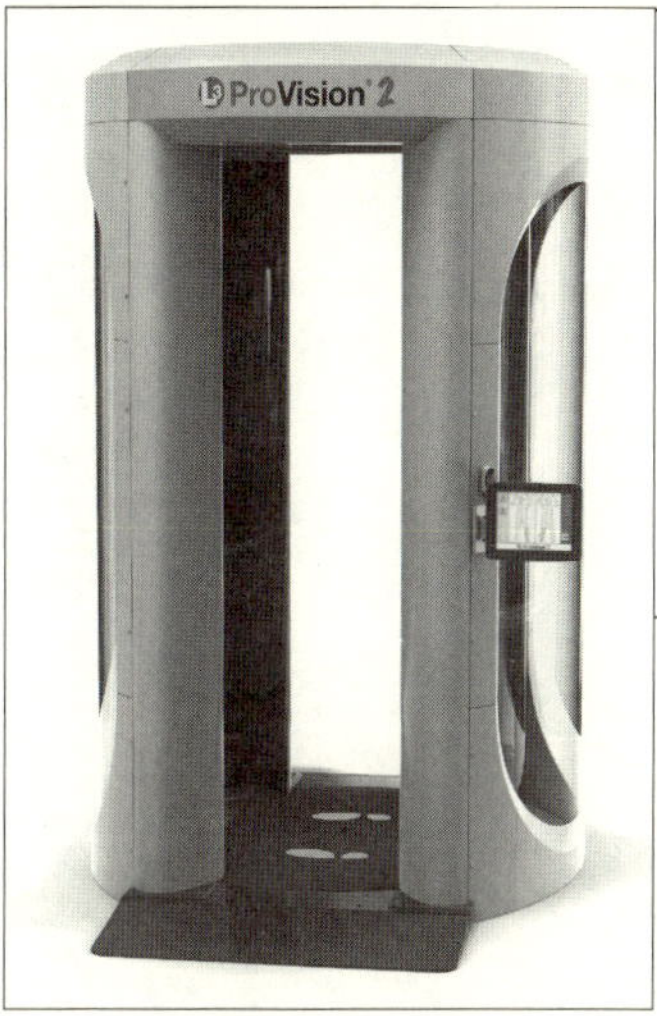

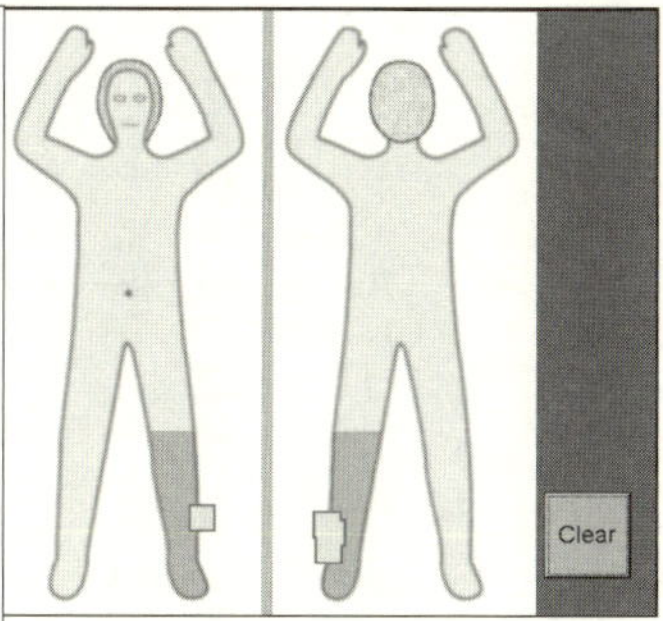

テロ対策の一環として、日本でも導入が決まったボディースキャナーの対象機（左）。微量の電磁波によって、非金属の危険物も見つけられる（上）。

奪取されました。

「よど号事件」と呼ばれる事件で、これ以降も1970〜80年代にハイジャック事件が多発しました。

各航空会社では、ハイジャックなどのさまざまな事件を想定して、毎年定期的に実践的な演習や訓練を重ね、危機管理体制を強化しています。客室乗務員のもっとも重要な任務は、保安要員として「乗客の安全を守る」ことなのです。

ある航空会社の訓練施設では、客室乗務員の訓練カリキュラムに、武術を習得するレッスンがくみ込まれています。何も起こらないのが一番ですが、もし起こったとしても、ひるまずに対応できるよう、日々訓練がくり返されているのです。

呼吸音も拾う！ フライトデータと音声を記録する「ブラック・ボックス」

コクピット内でのパイロットの会話は、すべて録音されていることをご存じでしょうか？ 機内には「ブラック・ボックス」という、音声とフライトデータを記録する装置が搭載されています。音声はこのなかのボイスレコーダーにすべて収められ、30分ごとに記録が上書きされていくしくみになっています。

パイロットのたわいない世間話も記録されますが、トラブルがなければ、だれかに聞かれることはありません。**飛行機事故が発生した場合にのみ、その直前のコクピット内の会話が再現され、事故の原因究明のために使われるのです。**

航空事故のニュースなどで、非常に緊迫した会話が放送されることがありますが、それがこのボイスレコーダーに記録されたものなのです。

ブラック・ボックスには、コクピット・ボイスレコーダー「CVR（Cockpit Voice Recorder）」と、飛行データ記録装置「FDR（Flight Data Recorder）」の2種類があります。

ボイスレコーダーは、コクピット内のクルーの会話や、管制官との交信内容を記録しま

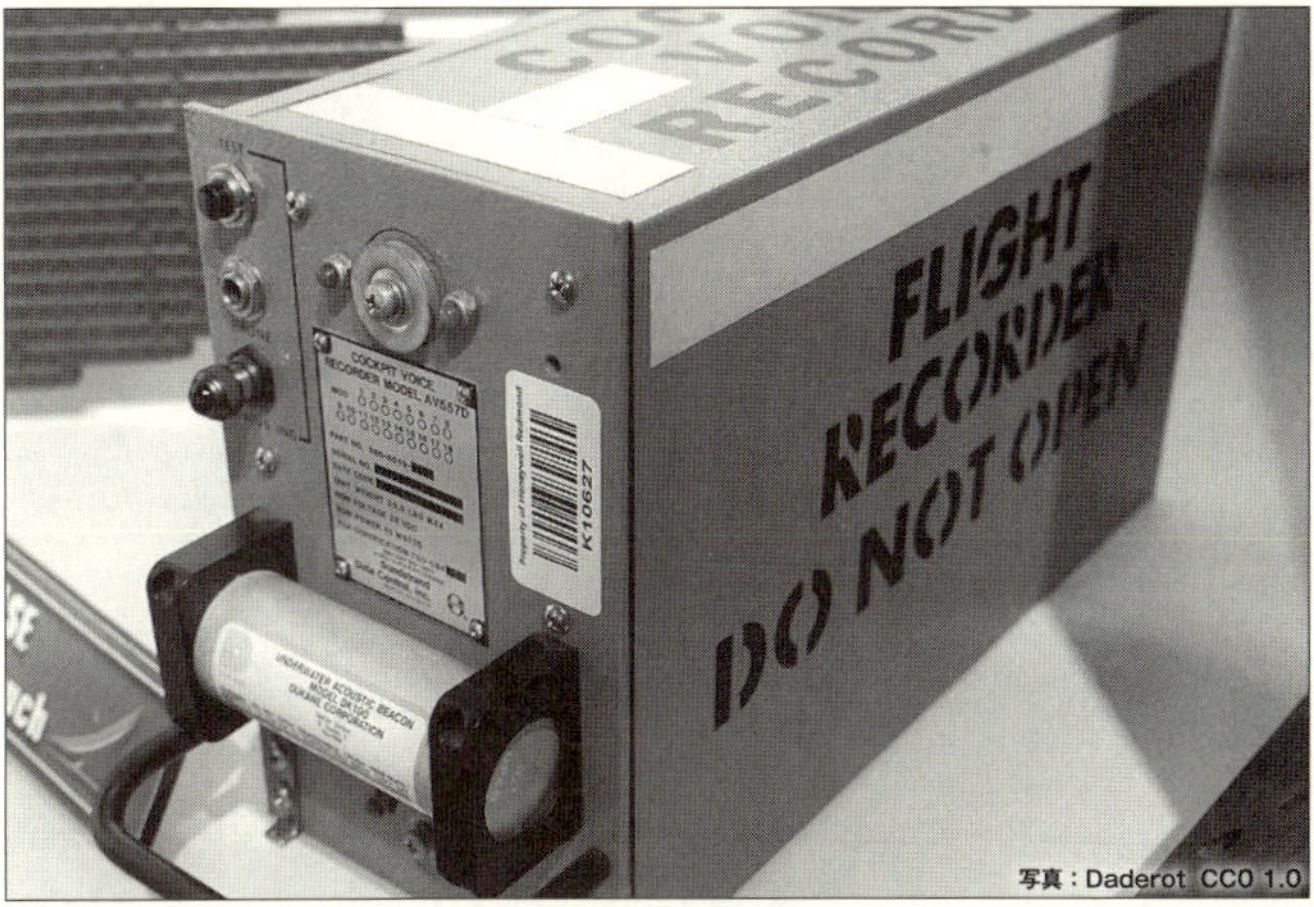

「ブラック・ボックス」というのは通称で、実際は、オレンジや赤色など目立つ色で塗装されていることが多い。

す。また、FDRは一般に「フライトレコーダー」と呼ばれ、航空機の高度やスピード、飛行機の向き、経過時間などのデータが半導体メモリーに記録されています。

このほかにもさまざまな項目が記録され、重ね書きされることで25時間以上のデータが残されています。これらが、事故前の飛行状況を解析するための重要な手がかりになるのです。

そもそも、航空事故のような大惨事が起こると、機体そのものが大破して消滅してしまうことが多いため、当事者以外が事故の原因を突き止めることは困難です。その問題を解決するためにできたのがブラック・ボックスです。

この装置は、どのような事故が起きても

壊れることがないよう、耐熱・耐衝撃構造になっています。たとえば、1100度の高温で30分間熱せられたり、約1~2トンの衝撃が加えられたりしても耐えることができます。また、水中に沈んでしまった場合には、自動的に30日間にわたって信号を発信するようになっています。

ブラック・ボックスは、事故の際に最も被害を受けにくいとされる機体後部や、天井などに設置されていることが多いといわれています。つまり、機体が焼けてしまったり、水没したりしても、唯一損害なく残されるものがこのブラック・ボックスなのです。事故現場でも見つけやすいように、目立つ色をしているのも特徴です。

1985(昭和60)年8月12日に発生した、日本航空123便墜落事故では、日本国内で発生した航空機事故で一番大きな被害を出しました。同社のジャンボ機が群馬県の御巣《おす》鷹山《たかやま》の尾根に墜落し、520名もの死亡者を出した大きな事故でした。

この事故現場からもブラック・ボックスが回収され、異常事態が発生してから墜落までのようすが細かく解析されています。毎年8月になると、当時のパイロット同士のやりとりや飛行の状態が、テレビなどで放映されています。

このような航空機事故は決して起こってはならないものです。

ブラック・ボックスは、オーストラリアの航空学研究者・デビッド・ウォーレンにより

ブラック・ボックスからわかること

● フライトレコーダー（FDR）

・経過時間　・速度　・高度　・姿勢　・燃料

・動翼の動き　・操縦士の操作　・エンジン情報　など

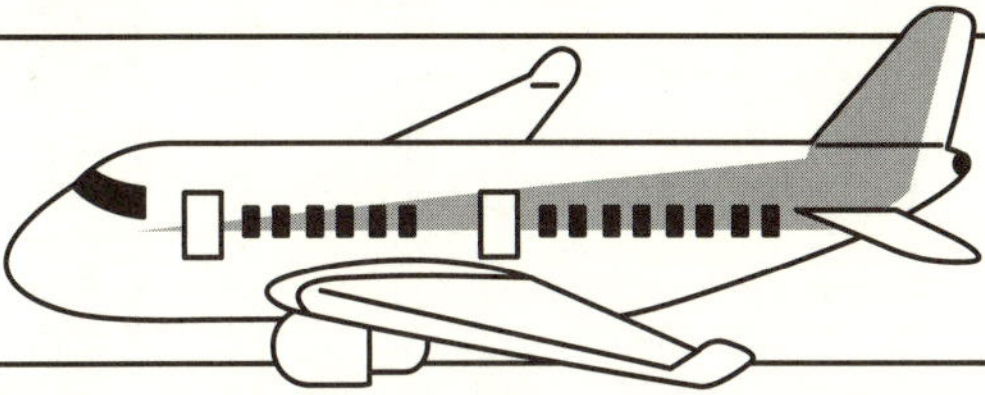

● コックピット・ボイスレコーダー（CVR）

・操縦室の会話　・背景音　など

機体の状態や操縦の詳細など、飛行に関わる多くのことが記録されているが、乗客や客室乗務員の言動まではわからない。

発明されました。

１９５３年に、世界初のジェット機であるデ・ハビランド・コメットの墜落原因調査にかかわったウォーレンは、13年もの期間をかけて開発と改良を重ねました。

そして、１９６６年にようやくオーストラリアで操縦席へのブラック・ボックスの設置が義務づけられるようになりました。

いまでは、世界中の旅客機にこのブラック・ボックスが搭載されています。

発明のきっかけは、ウォーレンが子どものころに、飛行機の墜落事故で父を亡くしたことが関係しているといわれています。

事故の再発防止のためには、しっかりと記録を残し、事故が二度と発生しないよう原因を突き止めることが大切なのです。

「魔の11分」と「90秒ルール」安全な運航に求められる二つの数字

航空の世界では、安全な運航のために、重要な時間が設定されています。

一つは、「魔の11分」と呼ばれるもの。**航空事故の大半が、離陸時の3分間と着陸時の8分間に起きている**といわれます。この間、パイロットは操縦に集中し、客室乗務員も着席して、何かがあればすぐに動けるようにしています。

地上で緊急事態が発生してしまった場合には、「90秒ルール」というとても大事な決まりがあります。たとえば、機内で火災が起こってしまった場合、90秒以内に乗客全員を機外へ脱出させなければならないのです。

乗客の搭乗が終わり、ドアが閉められると、「ドアモードをアームドポジションに変えてください」や「オートマティックに変更してください」などという業務連絡のアナウンスがかならず入ります。これは、各ドアを担当する客室乗務員に、緊急脱出用の「スライド」をセットするように出された指示です。

旅客機には、乗客や乗員が出入りする前方のドアのほかにも、いくつかのドアが備えつけられています。機体の大きさや乗客の定員数などによってドアの数は異なりますが、これらのドアのすべてに、脱出用のスライドが装備されています。緊急時に機体のドアを開けると、10秒以内にスライドが膨張し、滑り降りることが可能になります。

そもそも、**なぜ90秒なのか――それは、この時間が運命を分ける境目だから**、といわれています。

機体には多くの燃料が積まれています。これに引火してしまうと、大爆発を起こすなど、大惨事を引き起こしてしまいます。

何があっても乗客全員を守り抜く――この考えを元に決められたルールなのです。

ロシアで実施された訓練の様子。スライドを使用した緊急時の訓練は世界中で行なわれている。

飛行機の最大の天敵は「鳥」!?
バードストライクにご用心

巨大な飛行機の敵が、まさか小さな鳥だとは、多くの人には信じがたいことでしょう。雷や台風などの悪天候も、もちろん飛行機にとって大敵ですが、鳥との衝突、いわゆる「バードストライク」は、より大きな問題といえます。

発生のタイミングは、離陸から上昇するときと、滑走路へ進入してから着陸するときがほとんどです。空港の周辺は立地上、草地や水辺が多く、そこで発生する虫を求めて鳥が集まるため、滑走路付近で多発しています。

なぜ鳥が天敵なのかというと、**ジェットエンジンがトンビやスズメなどを吸い込むとダメージを受けることがある**からです。エンジンに鳥が吸い込まれると、ファンが曲がったり、破損したりします。すると、エンジンに大きな震動が発生し、最悪の場合にはエンジンが停止してしまいます。

また、エンジンの中心にまで鳥が入ってしまうと、排気ガスの温度が上昇したり、機内に肉が焦げたような異臭が漂うこともあります。

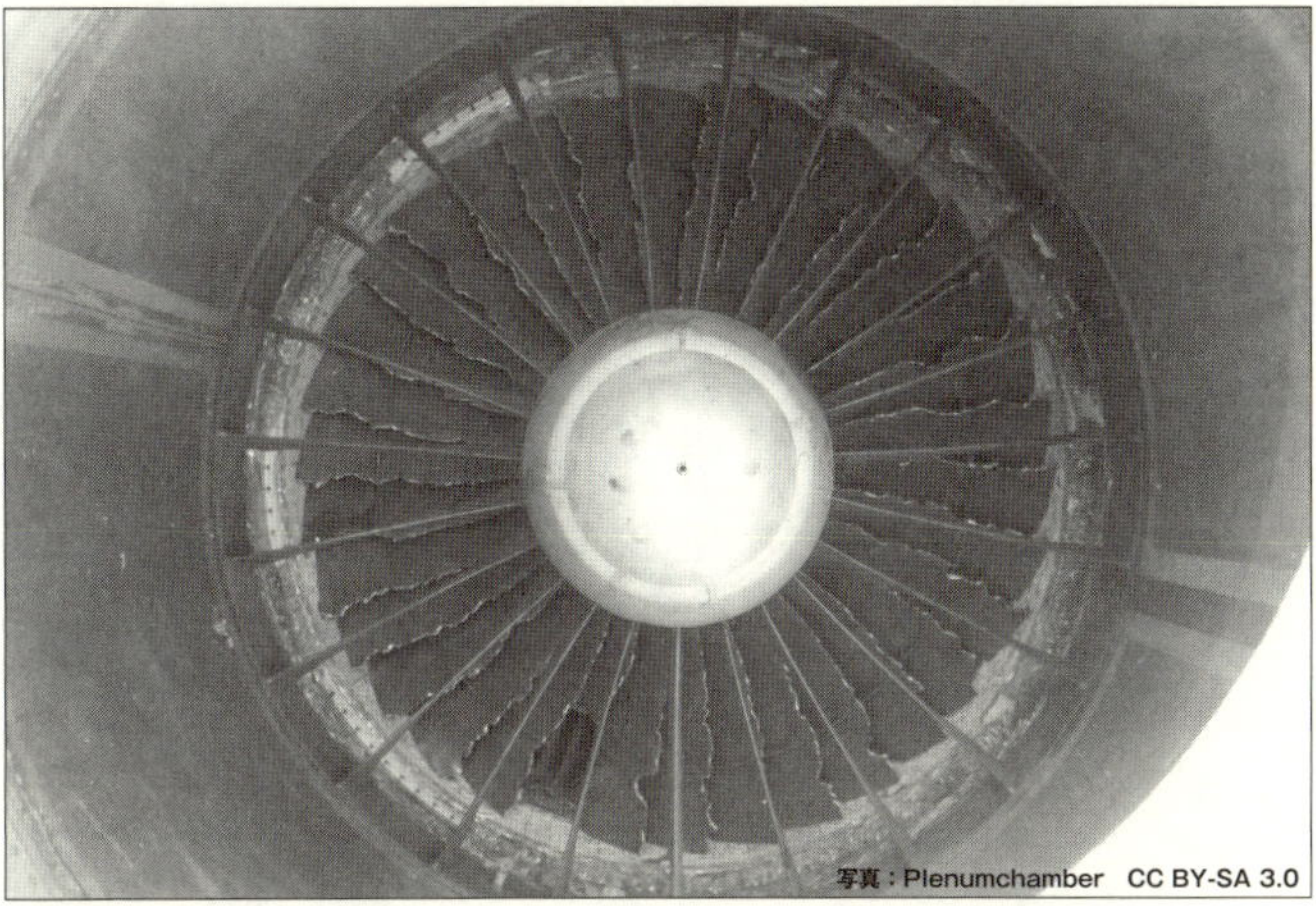

バードストライクで損傷したエンジン。ブレードと呼ばれる、放射状につけられた羽が大きく破損し、ギザギザになっている。

実際、海外では鳥との衝突で飛行機が墜落した例も見られます。１７０ページで紹介した、２００９年のＵＳエアウェイズのハドソン川不時着水事故がそうでした。日本では、それほど大きな事故が発生したことはありませんが、機材の修理による欠航や、それによる機材繰りのために、運航に混乱を招くなどの被害も少なくありません。

バードストライクの防止策としては、空港で定期的に発砲音を流したり、パトロールしたりするなどの対応がとられています。

空港の展望デッキで、滑走路の方向から鉄砲のような音を聞いたことはないでしょうか。これは滑走路周辺の鳥を追い払うための音。その地域の猟友会《りょうゆうかい》に頼んで、空砲を撃ってもらうこともあります。

スピードの出過ぎた飛行機はどうやって減速するの？

飛行機は、いちどスピードを出すと、減速するのに時間がかかります。自動車のように、ブレーキを踏んですぐに速度を落としたり、停止したりすることが、簡単にはできないからです。

では、空中を飛んでいる飛行機はどのように減速しているのでしょう。方法はとても単純で、**エンジンの出力を絞《しぼ》ると同時に、空気抵抗を大きくしています。これは「エア・ブレーキ」といい**、みなさんが乗るような旅客機には、これを行なう装置がかならずついています。正式名称は「スポイラー」で、飛行中の操縦に使用される「フライト・スポイラー」と、着陸した時に作動する「グラウンド・スポイラー」の２種類があります。

飛行機が着陸に向けて下降をしているあいだに、主翼の縁がパタパタと立ち上がっているのを見たことはありませんか？　これが「フライト・スポイラー」です。翼のまわりに流れていた空気の邪魔をして揚力を減少させ、空気抵抗を大きくすることで減速させるしくみになっています。

エアバス A320-214 の主翼についているスポイラー。大きな角度で立ち上がるのがわかる。

「グラウンド・スポイラー」もこれと同じ構造で、飛行機が着陸した後、フライト・スポイラーと併用して効力を増大させ、着陸距離を短くしています。

フライト・スポイラーは、主翼の真ん中あたり、グラウンド・スポイラーは主翼の付け根あたりについています。

では、着陸した直後は、どのように減速しているのでしょうか？

通常、時速200〜300キロで進入してきた飛行機は、たった数キロという滑走路の範囲でスピードを落とさなければなりません。

飛行機が地面に着地すると、グラウンド・スポイラーがパタっと立ち上がり、その後「スラストリバーサー（逆噴射装置）」が作動します。

これは、**飛行機を前進させるためのジェットエンジンから出るガスを逆向き（前方向）に噴射させることで、急激にブレーキをかける装置**で、非常に強力です。着陸したときに「ゴォー」と、うなるような音を立てているのは、この逆噴射装置が働いているためです。その後に車輪のブレーキが効き、ようやくあの巨体が時速10キロメートル程度までスピードを緩めることができるのです。

スラストリバーサーは、音だけでなく、目でもその作動状況を確認することができます。展望デッキなどから着陸時の飛行機を見ると、ジェットエンジンのちょうど真ん中に縦に黒いラインが入ったように見えます。これは、装置が動き、エンジンカバー（カウル）が開いている状態です。

飛行機に乗るとき、窓側の座席を好んで指定する人も多いことでしょう。窓の外の景色を楽しむためには、51ページでも紹介したように、視界がさえぎられることのないよう翼の近くを避けて席を選ぶことがおすすめです。しかし、残念ながら希望の席が埋まっている場合には、客室の中央付近の窓側席をとってみてください。スポイラーの動きを観察するには、最適な場所だからです。

スポイラーのほかにも、主翼には重要な装置「フラップ」がついています。別名「高揚

主翼の後方につけられたフラップを出した、ボーイング737型機。主翼とフラップのあいだに隙間ができる構造になっている。

力装置」ともいわれる通り、揚力を大きくし、離着陸時に速度を抑えることを可能にしています。フラップは、通常は主翼に格納されていますが、必要なときにはスライドして出てきます。

飛行機は、できる限り滑走距離を短くするため、離着陸時に低速であることが求められます。その際に活躍するのが、このフラップです。大きくなった翼が鳥のように羽ばたき、ふんわりと着陸できるのは、この装置のおかげなのです。

飛行中や離着陸時に、パタパタと動くスポイラーや、スライドして出てくるフラップを観察してみませんか？　実際に目にすると、飛行機のしくみがよく理解でき、ますます旅が楽しくなるに違いありません。

飛行中にエンジンがすべて止まったら？
最悪の事態でも飛行は可能！

もしもエンジンがすべて止まってしまったら？　ジェット旅客機は2～4基のエンジンを搭載していますが、すべてが故障する可能性もゼロとはいえません。

かつて飛行中に火山の噴火に遭遇し、吹き上がる火山灰によりすべてのエンジンが機能しなくなり、推力を失うという事故がありました。しかし、たとえエンジンがすべて止まったとしても、いきなり地面に真っ逆さまに墜落することはありません。エンジンが停止すると、上昇したり、まっすぐ飛び続けることはできなくなりますが、滑空して徐々に高度を落とすことはできるからです。

目的地まで飛ぶことはできなくても、揚力があるおかげで、かなり長い時間と距離を滑空することができます。ジェット機の種類や、翼と全体の大きさの比率にもよりますが、時間にして20分ほど、距離にして高度の10倍ほどは滑空できるとされています。

じつは、エンジンが正常に動いている飛行機でも、目的地の空港に向けて降下するときには、エンジンがアイドリング状態、つまり最小限の使用状態になっています。

飛行中にエンジンが停止した場合

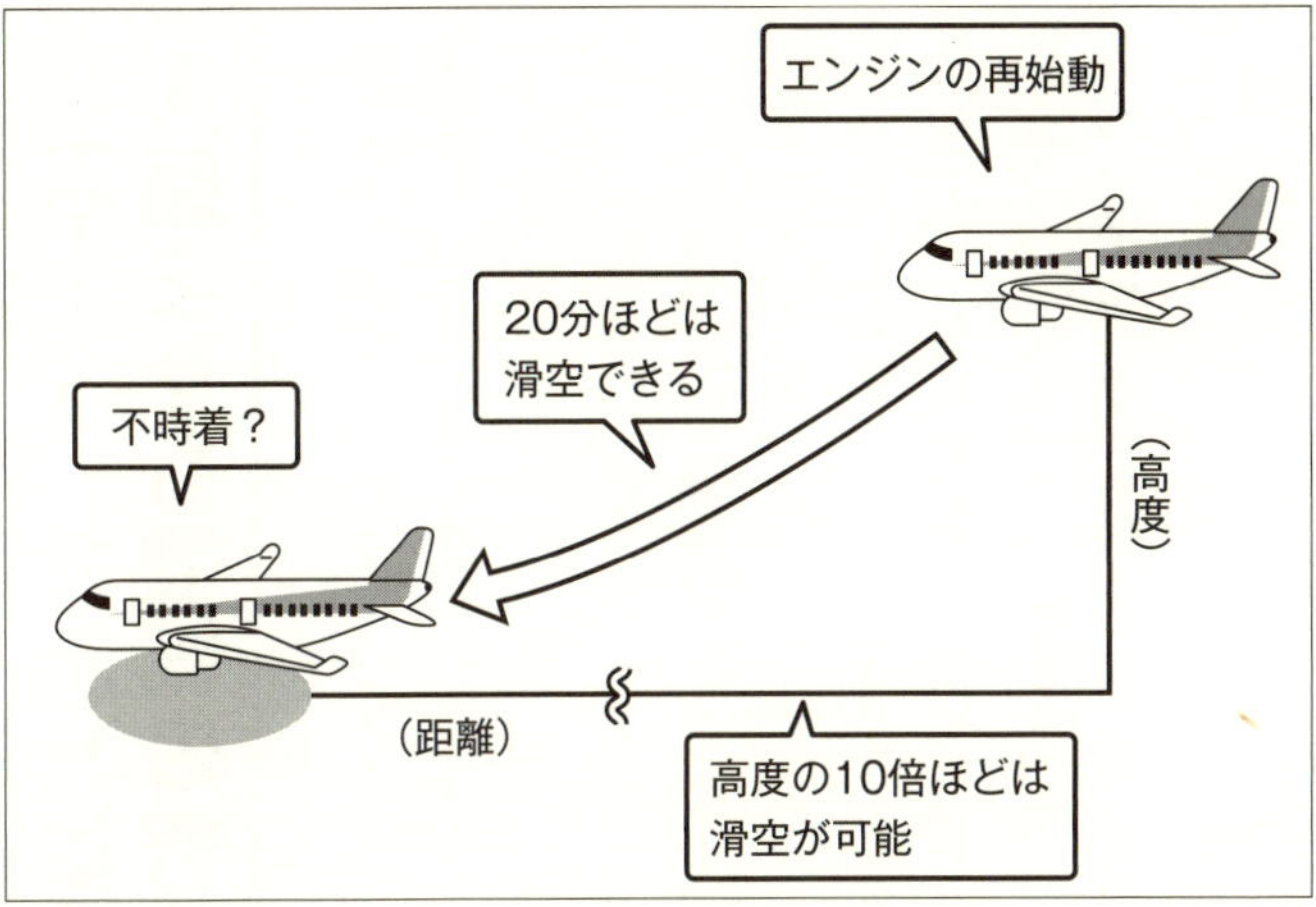

パイロットは、まずエンジンは再始動を試みる。それがダメでも、滑空させることで20分ほどは飛行を続けることができるとされる。

飛行機が、エンジンのない航空機「グライダー」のようになっていると考えるとわかりやすいかもしれません。

だからといって、エンジンが停止しても安心というわけでは決してありません。機体が滑空しているあいだ、パイロットはエンジンの再始動を試みます。過去には、パイロットの適切な措置により再始動できたケースが、何度も確認されています。

火山の噴火に遭遇した飛行機も、滑空しながら噴煙を抜けたところで、エンジンがきれいな空気を吸い、無事に回復したこともありました。

それでもエンジンが直らなければ、どこかに無動力着陸——成功するかどうかは、パイロットの腕次第といえるでしょう。

「ニアミス」の意味は？ 人間よりも機械の判断を優先！

航空の世界には、「ニアミス」という言葉があります。これは、飛行機同士がぶつかる危険性があったことを意味しています。事故にはいたらなかったものの、衝突を避けるための急激な降下やはげしい揺れなどによって、乗客や乗員が死傷する場合もあります。

上空での飛行機の速度は、時速８００～９００キロです。仮に、時速８００キロで飛んでいる飛行機に対向機が同じ速度で近づいていれば、相対速度は時速１６００キロ。秒速に換算すると、毎秒４４４メートルになります。最初は小さな点にしか見えず、前方５キロ前後まで近づいて、ようやくそれが対向機だとわかります。それから上空で２機がすれ違うまでは、わずか10秒ちょっとというスピード感なのです。

日本では、２００１年1月31日に、日本航空機同士のニアミスが発生しました。駿河《するが》湾上空で、羽田発の那覇《なは》行きの便と、羽田へ向けて飛行していた便が接近しました。管制官が便名を間違えて指示したため、両機が異常に接近したという事例です。

衝突を回避するために機体が急降下すると、シートベルトを着用していない乗客が座席

対向機と接近した場合

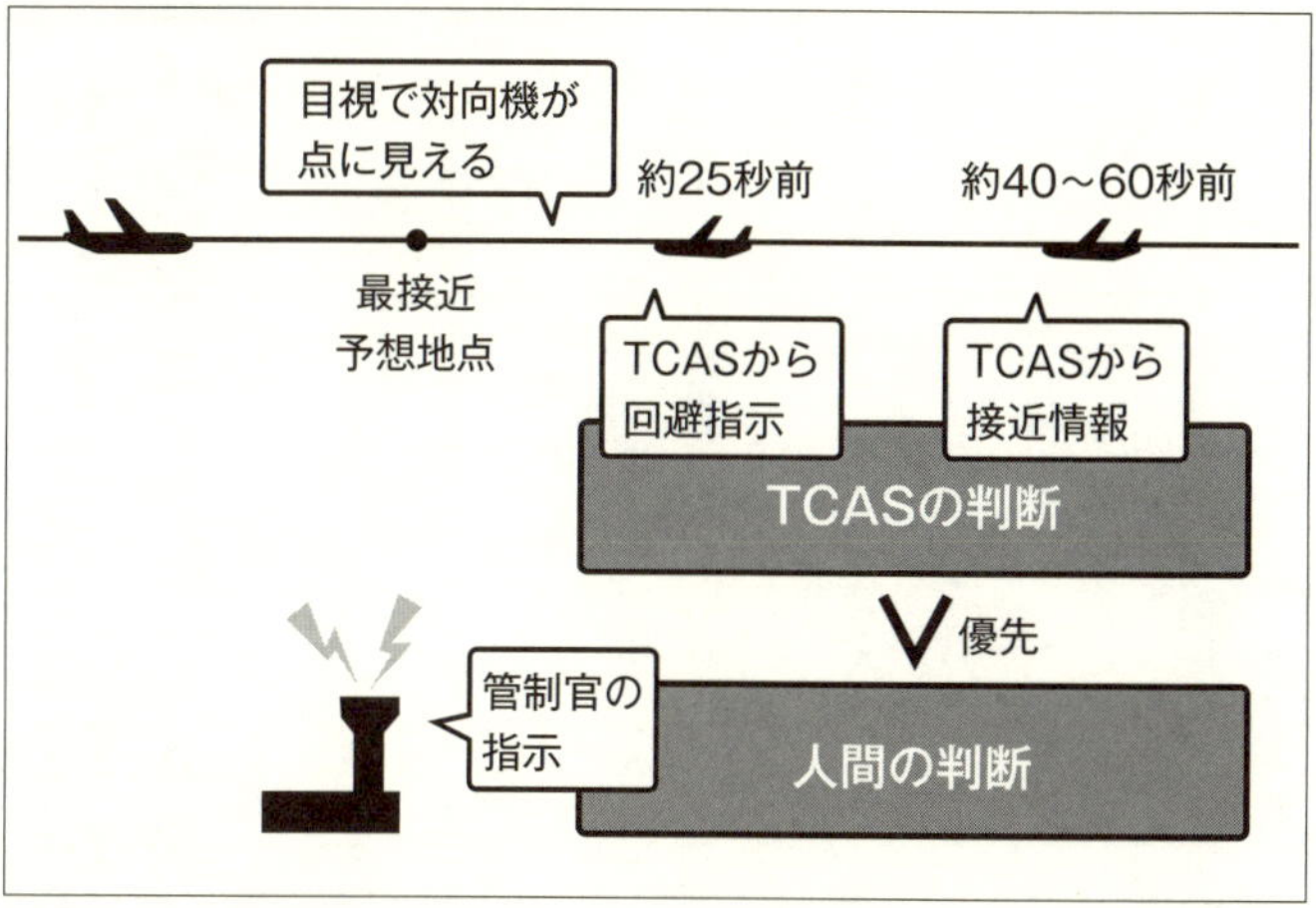

TCASからは、接近情報と回避指示の2段階で指示が出る。TCASの指示は、管制官の指示よりも優先される。

から投げ出されたり、通路で機内サービスをしている客室乗務員が宙に浮き、天井にたたきつけられたりするなど、地上では考えられない事態が発生します。

だれかの手荷物が飛んできて、頭部に怪我を負ったり、急降下によって吐き気をもよおしたりする乗客もいるかもしれません。前述の事故では、40名ほどの乗員や乗客の負傷が報告されました。

この事故から、管制官とTCAS《ティーキャス》（124ページ参照）の指示に矛盾が発生した場合には、TCASに従うことが明文化されました。

人間のように、言い間違いや聞き間違いのないTCASの指示を、パイロットは目と耳で確認し、操縦しているのです。

もしも上空で機体が破れたら？　パラシュートでは逃げられない！

「もしも上空で機体が破れてしまったら？」――映画で目にするシーンですが、実際に、そのような事故が発生したこともあります。

１９８８（昭和63）年4月28日、アロハ航空２４３便がハワイ島のヒロからホノルルへの飛行中、機体の屋根の一部が剥《は》がれ、乗務員１名が機外へ飛ばされました。原因は、機体ボディーの金属疲労と腐食により、機体胴体の継ぎ目が剥がれてしまったことだといわれています。

当時その機体は、高度２４０００フィート（約７２００メートル）の上空を飛んでいました。天井が剥がれ落ちた後も飛行を続け、マウイ島へ緊急着陸しています。事故を起こした機体は、使用開始から19年がたっており、飛行回数も約9万回と老朽化が進んでいたことが発表されています。

なぜ、機体から吸い出されてしまうのでしょうか？　機体に穴が開いた後も、同じ高度で飛び続けてしまうと、機体のなかと外の気圧差によって、穴から破損が広がり、機内に

飛行機を与圧するしくみ

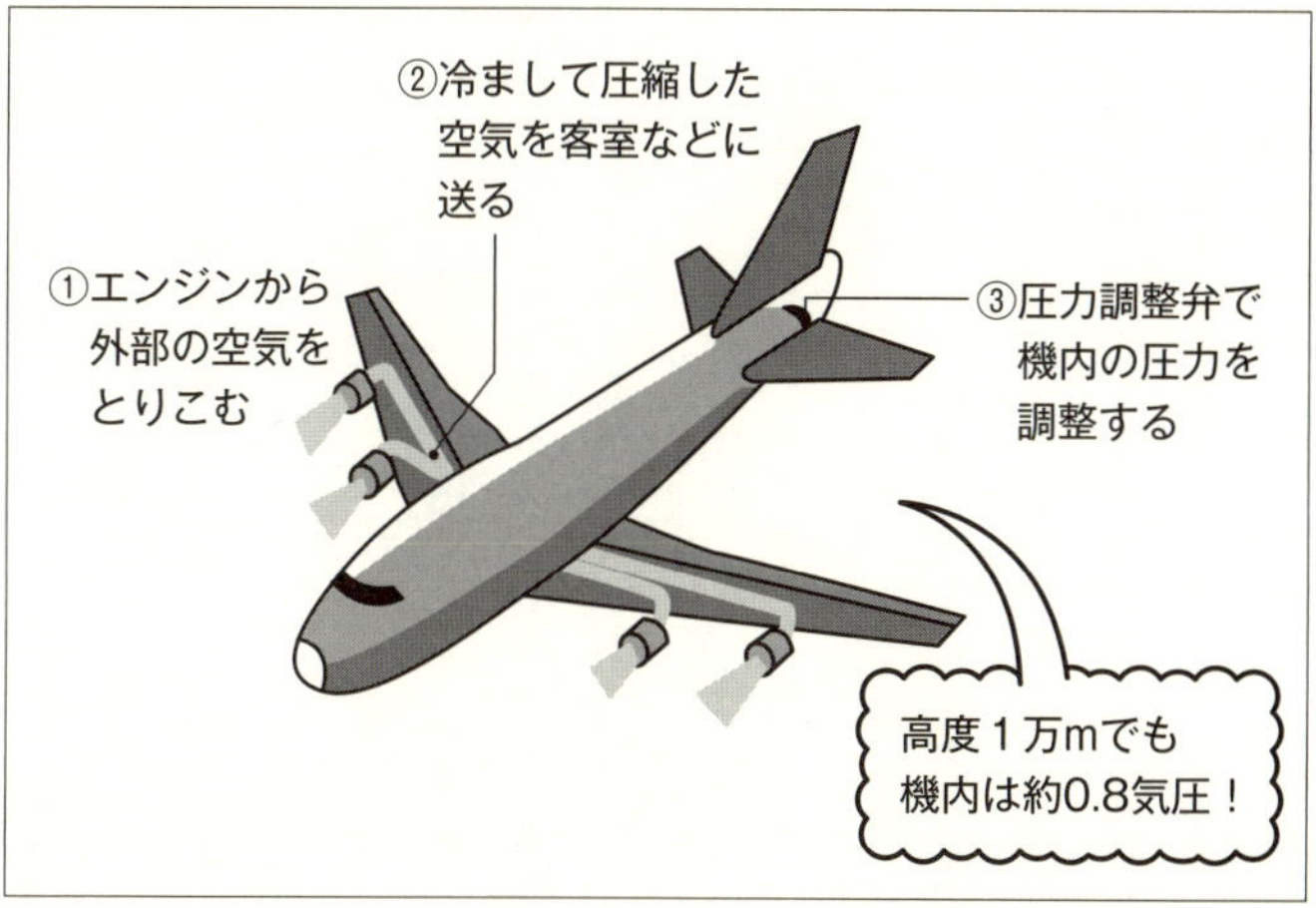
②冷まして圧縮した
空気を客室などに
送る
①エンジンから
外部の空気を
とりこむ
③圧力調整弁で
機内の圧力を
調整する
高度１万mでも
機内は約0.8気圧！

エンジンからとりこんだ空気を冷却・圧縮して機内に送る。多い分の空気は圧力調整弁を開いて放出し、地上の１気圧に近い、約 0.8 気圧を維持している。

あるものが外へ吸い出されてしまいます。

飛行機が飛ぶ上空は、地上よりも気圧が低くなっています。高度約１万メートルの気圧は、わずか０・２。地上の５分の１しかありません。

通常、機内は加圧され、地上とほぼ変わらない０・８気圧となっているため、乗客は客室で普段通り過ごすことができます。

小さな穴が開いたくらいでは、気圧に問題が生じることはありませんが、胴体が破れてしまうようなことがあると、圧力の高い機内から、圧力の低い機外へと空気が吸い出されてしまうのです。

機内外の気圧差が少なく、安全だといわれる高度は、約３６００メートル。そのため、パイロットは機体が破れるなどの非常事態を察すると、ここまで機体を降下させるのです。

このような事態に備え、乗客はパラシュートをつけていればいいのでは、と思う人もいるかもしれません。

たとえばスカイダイビングは、飛行機から飛び出して、途中でパラシュートを広げながら降下します。

ただし、日本で実施できるスカイダイビングの最高高度は約3800メートル。一方で飛行機は、通常1万メートルの高度を飛んでいます。

こんなに高い上空で吸い出されてしまうと、マイナス50度を下回る外気で身体が凍結してしまうほか、急激な気圧の変化で減圧症になったり、酸素不足で意識を失ったりしてしまいます。パラシュートで機外へ脱出する方法は現実的とはいえず、パイロットに身を任せるほかありません。

現在では、機体が古くなって大きな修理が必要になる前に、6~8年程度のサイクルで新しい機体に替えている航空会社も多くなっています。新しい機体だと安心ですが、たとえ使い込まれたレトロな機体でも心配することはありません。資格をもった熟練の整備士が、航空法に定められたルールのもと、定期的に修理をしたり、入念な検査をしたりしてから飛ばしているからです。

part5

こうして発展！
日本の航空路とローカル空港

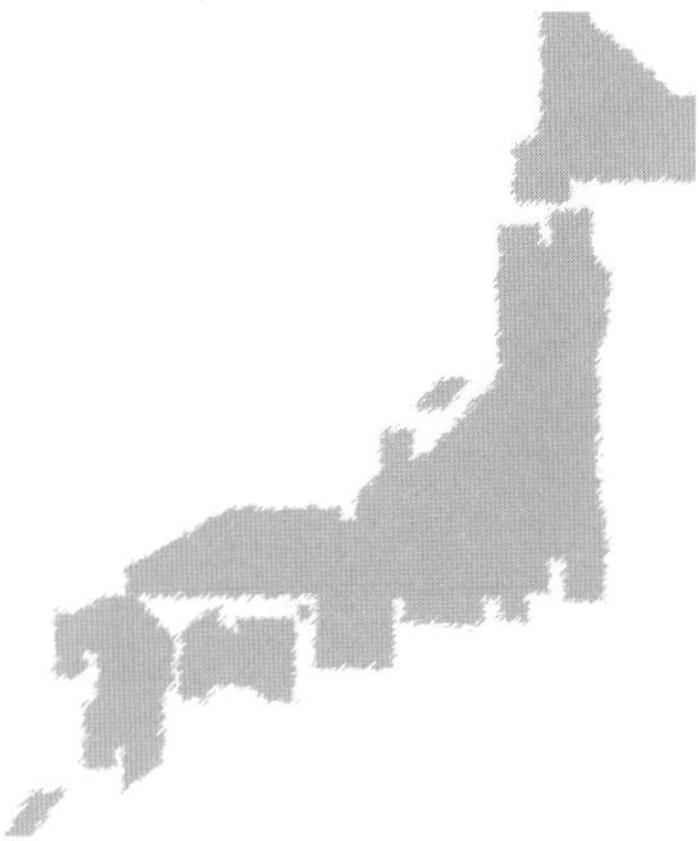

「東京飛行場」から飛んだ一番機の乗客はなんとスズムシ＆マツムシだった

２０１４年に年間利用者数７０００万人を突破した羽田空港。現在では、世界17カ国・地域の25都市26空港とネットワークを形成する、日本最大かつ世界でも有数の規模を誇る空港です。

昭和のはじめに、そんな羽田空港から初めての定期便として運航したのは、「日本航空輸送」という会社の飛行機でした。コクピットには操縦士と機関士の二人が乗り込んだものの、キャビンには一人の人間の姿もなく、６０００匹のスズムシとマツムシが、初めての乗客になりました。

それは、羽田空港がまだ「東京飛行場」と呼ばれていた１９３１（昭和６）年8月25日のことです。当時の規則にもとづき、飛行場の中心部に1文字5メートル角の大きなカタカナで「トウキヤウ」と書かれた空港が開港しました。

滑走路は、南北に長さ３００メートルの1本だけ。開港に合わせて滑走路の舗装《ほそう》をしたものの、予算の関係で空港全体の手入れはできませんでした。干潟《ひがた》を埋め立てて平地にし

羽田空港をめぐるおもな出来事

年	出来事
1931(昭和6)年	日本初の国営民間航空専用空港「東京飛行場」開港。 滑走路は延長300m、幅15mの1本のみ。
1938(昭和13)年	1938年～39年にかけて、最初の拡張工事。 延長800m、幅80mの滑走路が2本に。
1945(昭和20)年	連合国軍によって接収される。一部の住民が48時間以内の強制退去に。名称が「ハネダ·エアベース」となる。
1952(昭和27)年	大部分の施設が返還され、名称も「東京国際空港」となる。
1953(昭和28)年	日本空港ビルディング株式会社設立。
1955(昭和30)年	ターミナルが開館し、供用開始。
1959(昭和34)年	拡張工事により、A滑走路(2550m)、B滑走路(1676m)に。
1964(昭和39)年	国内線到着用ターミナルの供用開始。 浜松町～羽田空港間の東京モノレール、首都高速道路羽田線が開通。
1970(昭和45)年	新国際線到着ターミナルの供用開始。 ジャンボ機が就航。
1978(昭和53)年	新東京国際空港(成田空港)が開港。羽田の国際線の大半が、成田へ移転。
1984(昭和59)年	空港を沖合へ移転する「沖合展開事業」がスタート。
1988(昭和63)年	新A滑走路(3000m)の供用開始。
1993(平成5)年	第1旅客ターミナルの供用開始。旧空港からターミナルを移転。
1997(平成9)年	新C滑走路(3000m)の供用開始。 ボーディングステーションの供用開始。
1998(平成10)年	京浜急行空港線が第1旅客ターミナルへの乗り入れ開始。
2000(平成12)年	新B滑走路(2500m)の供用開始。
2004(平成16)年	第2旅客ターミナル地区の供用開始。
2010(平成22)年	D滑走路(2500m)の供用開始。 新国際線旅客ターミナルの供用開始。再国際化が実現。

開港以来、連合国による接収や、国際線の成田移転などもあったが、滑走路やターミナルビルの拡張・新設をくり返し、現在の形へと発展を遂げてきた。

た用地は、とりあえず飛行には支障がないということで、雑草がぼうぼうに生い茂っていたようです。

当時の日本では、管制塔と飛行機のあいだを無線でつなぐ離着陸はまだ行なわれておらず、すべて手旗信号で行なっていたため、管制塔もありませんでした。

日本航空輸送は、1928（昭和3）年10月に国策会社として設立され、1939（昭和14）年まで存在した民間商業航空会社です。

雨の降るなかを午前7時30分に飛び立った一番機は、東京発中国・大連《だいれん》行きのフライトでした。機材は、アメリカから輸入したフォッカー式スーパー・ユニバーサル型という6人乗りの小型機です。

現在では、さまざまな航空会社が、東京（成田）と大連を、直行便でわずか3時間少々で結んでいますが、当時は東京を出発して大阪、福岡、朝鮮半島の蔚山《うるさん》、京城《けいじょう》（当時）、平壌《へいじょう》を経由し、時刻表によると大連まで27時間30分ほどもかかっていました。

また、航空運賃も145円と高額でした。当時の総理大臣の年俸が約800円、1カ月分の給料が約67円ですから、総理大臣の給料2カ月分を合わせてもまだ足りません。庶民にはまったく縁のない乗り物だったのです。

実際、定期便が就航した後の需要はごく低く、公務員や軍用員の出張が約3分の1を占

東京-大連間の経由地

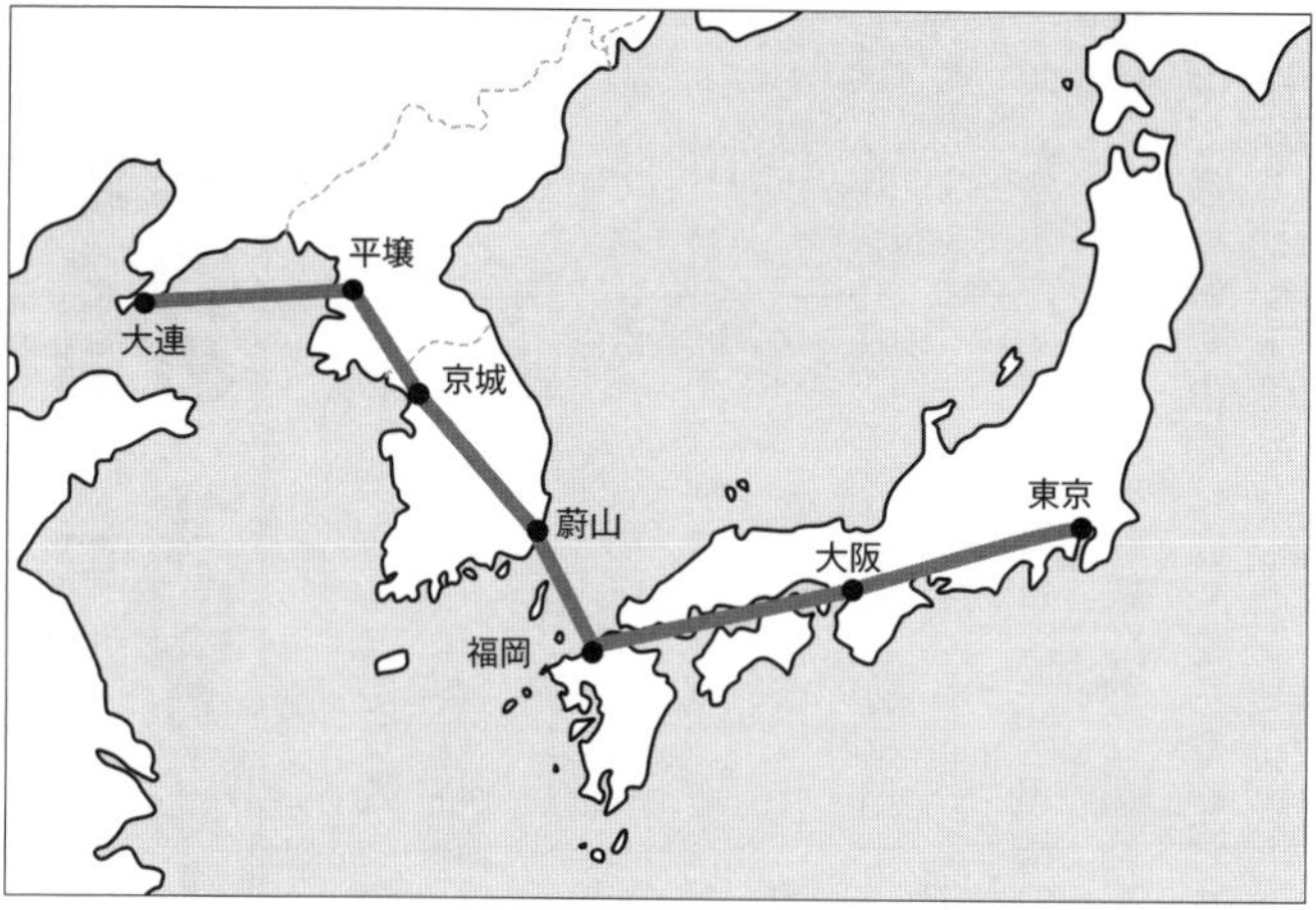

上のルートは、各都市を直線で結んだ概略図。実際には、より複雑なルートを飛び、27時間30分ほどもかかっていた。

め、そのほかといえば、興味本位の搭乗客がわずかにいただけでした。

そうはいっても、記念すべきファーストフライトを、乗客ゼロで飛ばすわけにはいきません。

そこで飛行会社が営業努力をした結果、大連の「東京カフェー」に6000匹のスズムシとマツムシを送り、大連の人たちに「秋の声」を届けて日本の風情を味わってもらおうという、結果として「粋なはからい」になったとか。

いまから80年以上も前の、日本の航空の夜明けの時代……。スズムシもマツムシも、誕生したばかりの新しい航空会社にとっては、やっと探し出した大切な乗客だったのです。

日本とヨーロッパを近づけた世界初の「北回りルート」

日本からヨーロッパのさまざまな国へは、多くの直行便が就航しています。直行便に乗れば、ヨーロッパまで11時間か12時間でアクセスできます。けれども航空の長い歴史をふり返ると、ヨーロッパがこんなに近くなったのは、つい最近の話です。

かつては、欧州のどの国に行くにも50時間以上かかっていました。なぜなら、日本からヨーロッパへ向かう便は、東京／香港／タイ・バンコク／インド・カルカッタ／パキスタンのカラチ／クウェート／エジプト・カイロ／ローマ／フランクフルト／ロンドンと、飛んだり降りたりをくり返しながら進む「南回りルート」を飛んでいたからです。

当時はなぜ、こんなに長いルートでフライトしていたのでしょうか？

理由の一つは、航空機の性能が現代のようにすぐれていなかったためです。**当時の旅客機は、まだどの機種も航続距離（燃料を補給せずに飛び続けることのできる距離）が短く、途中で多くの経由地に立ち寄らないと目的地へたどり着けませんでした。**

また、極地の上空を安全に飛行するための航法技術が未発達だったというのも、南回り

南回りルートと北回りルート

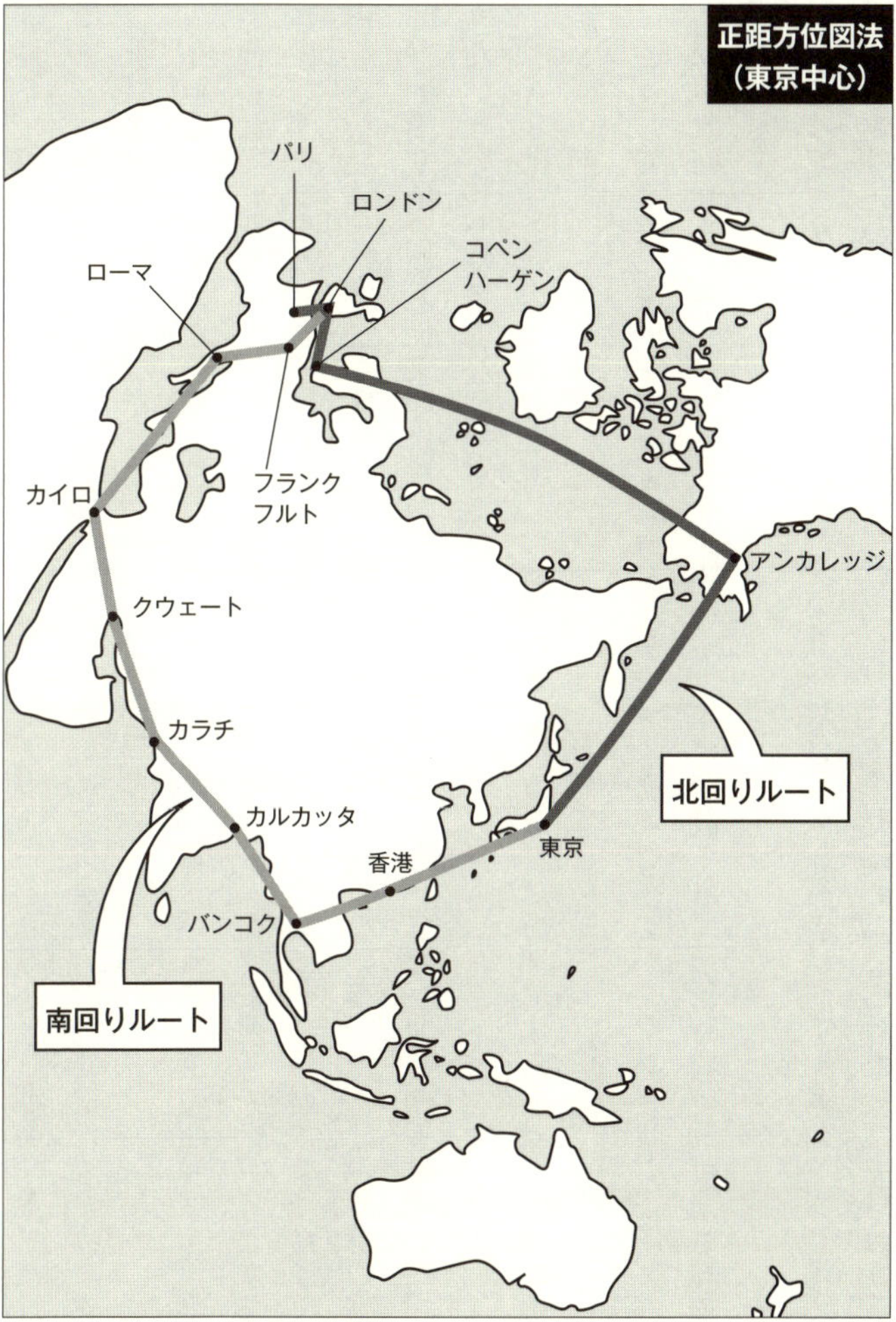

1957年に北回りルートが開設されるまで、アジア大陸の沿岸などを経由する南回りルートでヨーロッパへと飛んでいた。

ルートで飛行を続けた要因の一つです。そうした状況を打破すべく、世界で初めて「北回りルート」の基本となる東京―コペンハーゲン間の「北極航路」を開拓したのが、スカンジナビア航空（ＳＡＳ）でした。

北極圏を横断するために最初に必要とされたのが、新しい航法技術の開発です。それまで使われていた航図は、子午線の間隔が次第に狭くなり、やがて北極の一点に達するものでした。そのため、ナビゲーターは飛行中、常にコースの是正をくり返さなければなりませんでした。とくに北欧特有の、太陽の位置もはっきりしない春分や秋分の薄暮《はくぼ》の季節には、太陽や星に頼る従来の航法がまったく通用しません。また、北極圏では磁石が用をなさないといった技術的な課題もありました。

ＳＡＳは、これらの課題を新しい航図や新しいコンパスを開発するなど、一つずつクリアしていきました。

こうして東京／米国・アンカレッジ／デンマーク・コペンハーゲン／ロンドン／パリを結ぶ「北回りルート」が１９５７（昭和32）年に開設され、飛行時間は20時間も短縮されたのです。

ところで、かつてヨーロッパへ行き帰りする日本人旅行者は、アンカレッジ空港のうどん屋に駆け込む――そんななつかしいエピソードを耳にしたことはないでしょうか？

当時、日本からヨーロッパへ向かう旅客便は、アンカレッジでいちど燃料を補給してから、北極圏を通過していました。

機材の性能が発達したことにより、現在では、乗客を乗せた飛行機はヨーロッパへ直行していますが、じつは「フレイター」と呼ばれる貨物のみを搭載する専用の輸送機は、直行便が就航した後もアンカレッジに立ち寄っていました。

その理由は、もちろんうどんを食べるためではありません。

貨物を運ぶ飛行機であるフレイターには、できるだけ多くの荷物をいちどに運ぶ役割が求められます。目的地まで直行するために必要な、大量の燃料を積み込む場合と比較すると、アンカレッジなどの経由地で燃料を補給すれば、搭載する燃料が軽くなり、燃料が軽くなった重量分だけ多くの貨物を積めるわけです。

ちなみに、フレイターには大型機が多く使われます。たとえばJALは、フレイターとして在来型ジャンボ（ボーイング747F7）を活用してきましたが、2004年には、日本の航空会社初となる新機材の747-400Fを2機導入しました。

この新型フレイターは、表面に塗装をしないことで機体を軽量化し、さらに磨き上げることで空気抵抗が減り、燃料消費の軽減や二酸化炭素の排出量削減にもつながっていました。このように、航空界では新たな航路とともに機材の開発も日々進歩しています。

戦後初の国際線フライトは、いまも昔も日本人が大好きな「憧れのハワイ航路」

１９５１（昭和26）年に誕生した「日本航空（ＪＡＬ）」は、１９５４（昭和29）年の2月2日に戦後初となる民間の航空会社による国際線定期便を開設しました。

その行き先は、ハワイ経由サンフランシスコ。いまと同じように、当時から日本人はハワイが好きだったのかもしれません。しかしながら当時はまだ、旅行を目的とした海外への渡航は禁止されていました。

第1便となるＪＬ６０４便は「City of Tokyo（シティ・オブ・トウキョウ）」号（機体番号ＪＡ６２０１）と名づけられ、週2便の定期運航を開始しました。使用された機材は、ダグラスＤＣ-6型機。羽田を出発して太平洋のウェーキ島、ハワイのホノルルを経由し、サンフランシスコへ到達するルートで、**東京を出発してサンフランシスコに到着するまで、なんと31時間もかかりました**。

当時はまだ、庶民でも手が届くエコノミークラスの設定はなく、シートはファーストクラスのみ。運賃は、片道６５０ドル（約23万４０００円）と高額でした。往復運賃は、当

1954年当時の東京-サンフランシスコの経由地

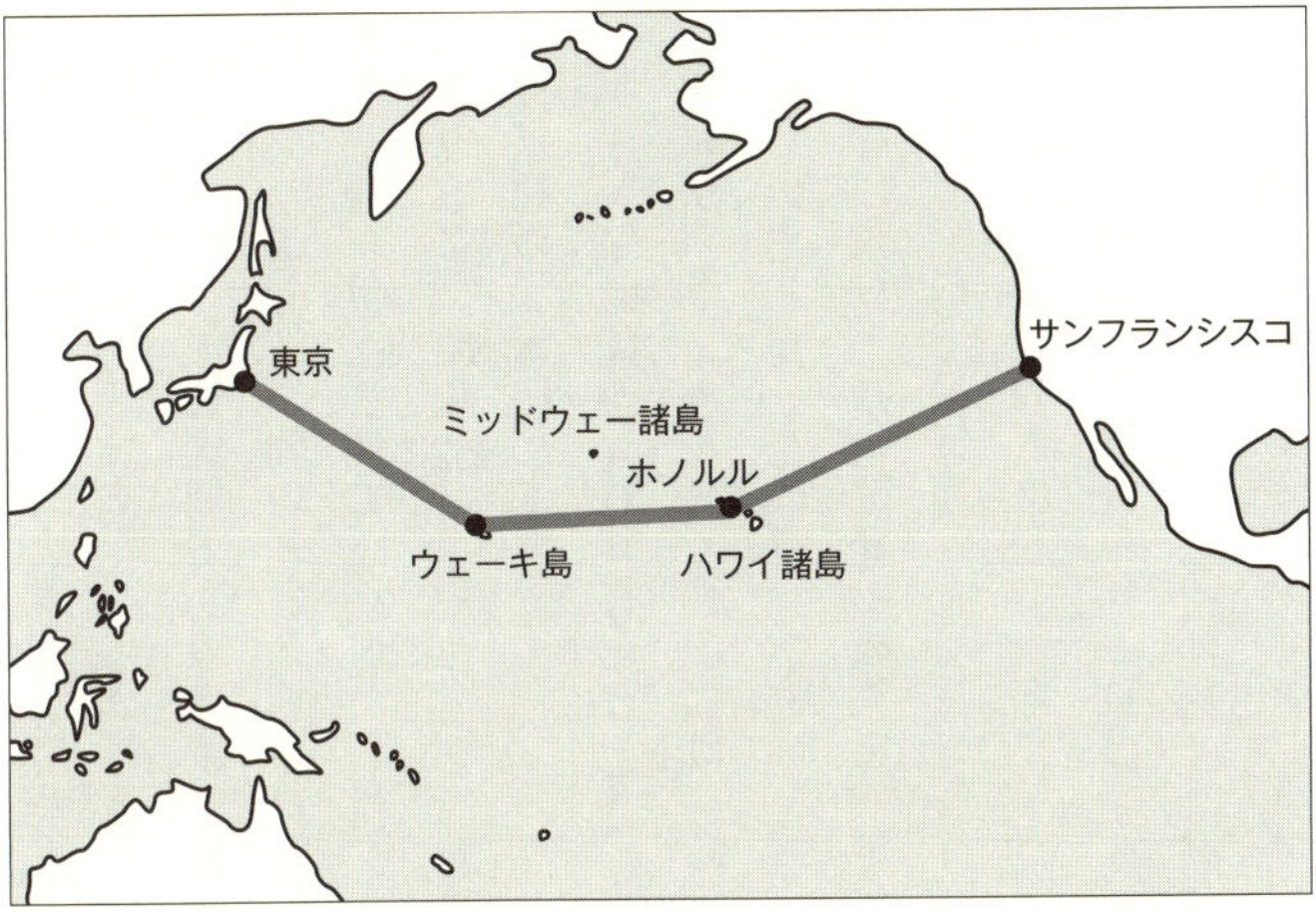

上のルートは、経由地を直線で結んだ概略図。現在のような太平洋北部ではなく、中央の島々を経由してサンフランシスコへと飛んでいた。

JA6201「シティ・オブ・トウキョウ」号と同じダグラスDC-6型機。機体番号が6202の「City of Kyoto（シティ・オブ・キョウト）」号。

時の公務員の給料の4年半分に相当しました。

ハワイ経由サンフランシスコ行きのフライトが飛ぶ太平洋路線は、中部太平洋を横断するルートで、最短区間である東京―ウェーキ島間が3193キロ、最長区間はホノルル―サンフランシスコ間の3856キロでした。この経路は、当時の日本航空の国際線に、実質上、唯一開放されていたルートです。

1957（昭和32）年になると、DC-6B型機が登場し、東京―ホノルル間の無着陸飛行に初めて成功します。

実用航続距離が4000キロとされていたDC-6B型機が、約6200キロ離れている東京からホノルルまで飛ぶには、ほぼ中間に位置するウェーキ島で、燃料補給が必要とされていました。しかし、不可能とされていた、DC-6B型機による東京―ホノルル間を実際に飛び、技術開発の成果を検証するテスト飛行が計画されたのです。

テスト飛行は予想通り成功し、飛行時間15時間55分。羽田の駐機スポットを離れてから、ホノルルの駐機スポットにつくまでのブロックタイムは16時間11分でした。この成功体験が、後に間もなく導入されるDC-7型機の直行便につながります。

1957（昭和32）年12月23日に東京国際空港（羽田空港）に到着したDC-7C型機の一番機「シティ・オブ・サンフランシスコ」号（機体番号JA6301J）は、東京―

ホノルル間のテストフライト後、1958（昭和33）年2月12日から、東京／ホノルル／サンフランシスコ線に就航しました。

DC-7C型機は、燃料補給のためにウェーキ島に寄る必要がなかったため、飛行時間は冬期で約19時間、夏期で約21時間となり、DC-6型機とくらべ、約4時間半のスピードアップが実現しました。

1960（昭和35）年8月、日本航空は世界に2年遅れながらも、初のジェット旅客機であるダグラスDC-8型機を東京―サンフランシスコ線に投入します。翌年にはDC-8型機によるヨーロッパ北回り線の運航を開始しました。

そして1966（昭和41）年11月、3回にわたる交渉を経て、ついにニューヨークへの乗り入れ権および以遠権《いえんけん》（相手国内のある地点を経由して、さらに第三国へと行くことのできる権利）を取得し、念願のニューヨーク線を就航します。この路線が実現したことで、1967（昭和42）年には西回りの世界一周路線を開設したのです。

1967年当時、世界一周路線を運航していたのは、パンアメリカン航空、トランスワールド航空、英国海外航空、オーストラリア・カンタス航空の4社しかありませんでした。

戦後、世界から遅れをとっていた航空界ですが、こうして日本の国際航空は、世界に匹敵するまでに成長していったのです。

戦後初めて運航を再開した日の丸つきプロペラ機は、東京発大阪経由福岡行き

1951（昭和26）年10月25日、戦後の日本の航空業界の発展につながる歴史的な出来事がありました。戦後初めての国内定期便の運航が再開され、ついに東京／大阪／福岡線が就航したのです。

1945（昭和20）年の第二次世界大戦後、GHQ（連合国軍総司令部）の占領下におかれていた日本では、同年8月24日以降、すべての民間航空活動が禁止され、飛行機の保有も許されていませんでした。

しかし1950（昭和25）年、日本が復興するために飛行機は必要不可欠として、GHQは国内に限って航空輸送の再開を決定します。

こうして日本の翼を失っていた5年間の空白期間を経た1951年、戦後初の日本人の手による民間の航空会社として日本航空（JAL）が設立されました。

東京／大阪／福岡線の一番機に使用された機材は、マーチン202型というプロペラ機で、名前は「もく星」号。同じ型の機材が3機あり、ほかも「てんおう星」「きん星」といっ

もく星号の前に並んだ客室乗務員。機体には「もく星」と「日本航空」と書かれている。

アメリカ陸軍の輸送機・ダグラス C-54。海軍向けの同型機・R5D とともに、戦後、旅客機に改修されたものが DC-4 型機として運行された。

た惑星の名前がつけられました。

「日の丸」をつけた一番機は、多くの人々に見送られて華々しく飛び立ちましたが、**当時、JALはなんと自社の飛行機を持っておらず、パイロットもいませんでした。**JALの事業内容は営業のみで、米国ノースウェスト航空（現デルタ航空）に運航と整備を委託しての運航開始となりました。

羽田空港を出発し、伊丹《いたみ》空港を経由して福岡に到着した初フライトの所要時間は、3時間38分。同年11月2日にはダグラスDC−4という大型機が就航し、おもに羽田―札幌便に使われました。

国内線の運航をはじめたころの基本運賃は、東京―大阪が片道6000円、東京―福岡が片道1万1520円、東京―札幌が片道1万2200円、大阪―福岡が片道5520円。会社員の初任給が1万円前後の時代ですから、運賃は非常に高額で、庶民にとって航空旅行はまだまだ遠い存在でした。

会社を設立した当初は、日本航空の社員であっても飛行機に乗ったことがない人が多く、体験搭乗も盛んに行なわれたそうです。

戦後のまだ食糧難の時代ですから、高い運賃を支払って飛行機に搭乗する人は、まだまだ少なく、機内はちょっとした外国のようだったといいます。ちなみに、第1便の乗客は

17名。機内食を手がけたロイヤル（現在はロイヤルホストなどを展開する現・ロイヤルホールディングス）は、手づくりのサンドイッチと紅茶を、冷めないように風呂敷に包んで届けたそうです。機内には、いずれは運航を担うことになる7人の日本人のパイロット候補生も、サービスや保安を手伝うという名目で、スチュワードとして搭乗していました。

ＪＡＬが自社の飛行機としてダグラスＤＣ－４を購入したのは１９５２（昭和27）年のことです。ＤＣ－４は巡航速度時速３５０キロ、航続距離は約３０００キロ、64～69の座席が設置され、「高千穂《たかちほ》」や「白馬《はくば》」といった名峰の名前がつけられました。カートも搭載され、ギャレー（機内の調理室）では食事を温めることも可能になりました。一番機の「高千穂」号は、9月に東京国際空港（羽田空港）に到着しました。

この年、サンフランシスコ講和条約の発効により、日本は独立国としての主権を回復します。また、航空関連法が施行されたのもこの都市です。

翌１９５３（昭和28）年にはＪＡＬに政府の資本が入り、日本の高度経済成長とともに世界有数のエアラインに成長していくのです

ところでこのころ、日本でもスチュワーデス（当時の呼称）の募集がはじまりました。当時の応募資格は、身長１５８センチ以上、体重45キロから52・5キロと体重制限まであり、さらに「容姿端麗な人」という条件まで記載されていたそうです。

国内線の充実には、「日本ヘリコプター輸送（現・全日空）」の活躍があった

日本国内には、現在いくつの空港があるかご存じでしょうか。答えは97。北から南まで、たくさんの飛行ルートが網の目のようにはりめぐらされ、年間で９０００万人以上の人々を運んでいます。

国内線の航空網がいまのように発展した背景には、全日空の登場がありました。

１９５２（昭和27）年、現在の全日空は「日本ヘリコプター輸送」として設立され、ヘリコプターを使って営業を開始しました。１９５５（昭和30）年にダグラスＤＣ−３型機を就航し、１９５７（昭和32）年に社名を「全日本空輸」に変更すると、１９５９（昭和34）年には東京―札幌線といった需要の大きい幹線へ進出。日本航空との競争を通じて、航空市場を活性化していきます。

70年代に入ると、航空機が大型化し、座席の供給数が倍増します。席数が増えたことで運賃は下がり、また、航続距離が長距離化したことで直行便が増え、目的地に早く到着できるなど、航空旅行の快適性が高まりました。

さらに、日本航空と全日空の2社がしのぎを削る幹線では、新機材の投入競争が起こります。こうして国内航空市場は伸び続け、旅客数は1960（昭和35）年に約112万人と、初めて100万人の大台を突破すると、その後1969（昭和44）年度には1000万人、1973（昭和48）年度には2000万人、1979（昭和54）年度には4000万人の大台に乗るといったように、驚異的な成長を遂げました。

国内線が成長した理由には、もう一つ、全日空などが地道にローカル線を開拓したこと と、全日空とそれ以外のローカル航空6社が競争をくり広げたことがあげられます。

当時、「北日本航空」「日本遊覧航空」「日東航空」「富士航空」「東亜航空」「中日本航空」のローカル航空6社は、路線網の拡充や新型機の導入に取り組んでいました。ローカル線に使用されていた機材は「F-27フレンドシップ」や「コンベアCV440」でしたが、航空機の大型に伴い、座席数が約50％多い国産旅客機YS-11に次々と置き換えられていきました。1965（昭和40）年には、15路線にYS-11が就航しています。

ところが、ここで経営上の問題が生じました。

これらのローカル路線は、公共性は高いものの需要が小さいため、採算が合わなかったり、収益の低い路線が大半を占めたりしていたのです。

そこで**運輸省（当時）の指導のもと、全日空は「東亜航空」と業務提携協定を結び、続**

いて「中日本航空」、新設の「長崎航空」「藤田航空」を傘下に収めて、全日空を頂点とする系列をつくり上げました。ここに入らなかった「北日本航空」「富士航空」「日東航空」の3社は、運輸省の指導のもとに合併して「日本国内航空」を設立します。

この結果、幹線は「日本航空」「全日空」「日本国内航空」の3社体制となり、ローカル線は「全日空」と「日本国内航空」「東亜航空」「長崎航空」の4社体制に整理・統合され、現在のかたちへと発展していきました。

1960年代後半から、次々と整備されていった国内の空港は、現在、4種類に区別されています。①会社が設置して管理する「会社管理空港」と、国が設置・管理する「国管理空港」、国が設置して地方の公共団体が管理する「特定地方管理空港」の三つを合わせた「拠点空港」、②地方が設置および管理をする「地方管理空港」、③上記にいずれにも当てはまらず、「公共用へリポート」でもない「その他の空港」、④自衛隊などが設置・管理する「共用空港」です。

左の表のように、①の拠点空港としては、会社管理空港の成田空港や関西国際空港など、国管理空港の羽田空港など、特定地方管理空港の旭川空港などが、②の地方管理空港には、富山空港などが、③のその他の空港には大分県央空港などが、④の共用空港には三沢空港や小松空港などがあります。

四つに分類される国内の空港

①拠点空港	会社管理空港	成田国際空港、中部国際空港、関西国際空港、大阪国際空港
	国管理空港	東京国際空港、新千歳空港、稚内空港、釧路空港、函館空港、仙台空港、新潟空港、広島空港、高松空港、松山空港、高知空港、福岡空港、北九州空港、長崎空港、熊本空港、大分空港、宮崎空港、鹿児島空港、那覇空港
	特定地方管理空港	旭川空港、帯広空港、秋田空港、山形空港、山口宇部空港
②地方管理空港		利尻空港、礼文空港、奥尻空港、中標津空港、紋別空港、女満別空港、青森空港、花巻空港、大館能代空港、庄内空港、福島空港、大島空港、新島空港、神津島空港、三宅島空港、八丈島空港、佐渡空港、松本空港、静岡空港、富山空港、能登空港、福井空港、神戸空港、南紀白浜空港、鳥取空港、隠岐空港、出雲空港、石見空港、岡山空港、佐賀空港、対馬空港、小値賀空港、福江空港、上五島空港、壱岐空港、種子島空港、屋久島空港、奄美空港、喜界空港、徳之島空港、沖永良部空港、与論空港、粟国空港、久米島空港、慶良間空港、南大東空港、北大東空港、伊江島空港、宮古空港、下地島空港、多良間空港、新石垣空港、波照間空港、与那国空港
③その他の空港		調布飛行場、名古屋飛行場、但馬飛行場、岡南飛行場、天草飛行場、大分県央飛行場、八尾空港
④共用空港		札幌飛行場、千歳飛行場、三沢飛行場、百里飛行場、小松飛行場、美保飛行場、岩国飛行場、徳島飛行場

空港の名称は、国土交通省への登録名。名古屋飛行場は「小牧空港」、百里飛行場は「茨城空港」、美保飛行場は「米子鬼太郎空港」など、登録名と呼称が異なる空港もある。

飛行機ファンにはたまらない、飛行機を眺めながら乾杯できる空港ビアガーデン

大空を飛ぶ飛行機の勇姿を間近に眺めたり、身体に響くエンジンの重低音のエンジンを聞いたりしながら、キンキンに冷えたビールで乾杯！　飛行機ファンならずとも至福のひとときを過ごせることうけあいの、ビアガーデンが登場しています。

名作『ゲゲゲの鬼太郎』の生みの親・水木《みずき》しげる氏の出身地で、２０１０年から漫画にちなんだ愛称で親しまれている鳥取県の「米子《よなご》鬼太郎《きたろう》空港」。この空港では、屋上の展望デッキに夏季限定でビアガーデンをオープン。現在、ＡＮＡ、アシアナ航空の2社が乗り入れていて、ビアガーデンの営業時間には、羽田と行き来する飛行機の離着陸シーンを眺めることができます。

ビアガーデンは、空港内に店舗を構える「炉端《ろばた》かば　米子空港店」が運営していて、最新式のビアサーバーを使用しているほか、カラオケ大会やコンサートなども開催されるなど、話題満載です。

空港のビアガーデンといえば、先駆け的存在なのが「福岡空港ビアテラス　ビアエア」

写真：米子空港ビル株式会社

米子鬼太郎空港のターミナルビル。水木しげる氏による『ゲゲゲの鬼太郎』のイラストが、乗客をむかえる。

です。福岡空港国内線第2ターミナルビル4階の屋外送迎デッキで開催されていて、2012年から2015年までのあいだに、のべ10万人が利用しました。

2015年の7月と8月は「昼の部」として15時～17時も営業。明るい青空をバックに、カラフルに彩られたさまざまな機体を間近で眺められるのは、離着陸する便数の多い福岡空港ならではの楽しみです。

北海道・新千歳空港では、ターミナルビル内「北海道フードビヤレストラン　銀座ライオン　新千歳空港フルール店」のテラス部分に「ジンギスカンビヤガーデン　麦《ばく》羊亭《ようてい》」が期間限定で開店しました。

いずれもオープンエアで、開放感のある空間で飛行機もビールも楽しめます。

ほっこり温まりつつ飛行機を眺めて 空の旅の疲れを癒せる空港内の天然温泉

飛行機に乗ると、機内が寒くて身体が冷えたり、気圧の差により疲れを感じたりすることがあります。そんなときに恋しくなるものといえば、温泉です。

鹿児島空港には、国内の空港で初めての天然温泉の足湯「おやっとさぁ」があります。使用される湯は、近隣の温泉地からタンクローリーで運ばれた天然の温泉水で、泉質はナトリウム炭酸水素塩泉、きりきず・やけど・慢性皮膚病に効くといわれています。

「おやっとさぁ」には、鹿児島弁で「お疲れさま」とか「ご苦労さま」という意味があります。国内線ターミナル1階・前面通路にある足湯は、二人がけベンチが10台並んだ総面積20坪ほどのゆったりしたスペースで、これから旅立つ人も到着した人も、無料で気軽に利用できます。温かみのある温泉は、国内の空港を知り尽くした客室乗務員にも人気で、乗務後に必ず通うという人もいます。

北九州空港では、滑走路を一望できる3階の展望デッキに足湯があります。展望デッキは北側と南側があり、足湯が設置されているのは南側。いちどに20人が利用できる、開放

写真：663highland　CC BY-SA 3.0

天然温泉の足湯が楽しめる、鹿児島空港の「おやっとさぁ」。車いすの方でも利用できるようにスロープと手すりも設置されている。

的なリラクゼーションエリアです。

連絡橋を眺められるこの場所は、空港内のベストスポットの一つ。滑走路の先に広がる周防灘《すおうなだ》を背景に飛ぶ飛行機を満喫したり、北九州空港からの就航先・東京にちなんで、東京ディズニーリゾートのキャラクターと記念撮影を楽しんだりもできます。

足湯よりもっと本格的な温泉施設があり、しっかり入浴できるのが、新千歳空港国内線ターミナルビル4階にある「新千歳空港温泉」や、中部国際空港セントレアのターミナルビル4階に位置する「風《フー》の湯」です。「風《フー》の湯」は、日本初の飛行機を眺められる展望風呂。展望デッキはもちろん、屋内の浴場からも、飛行機の飛び立つ様子が堪能できます。

日本唯一の河川敷空港は、風光明媚なロケーションながら苦労もてんこ盛り

世界には、カリブ海のビーチを低空飛行するセント・マーチン島など、驚くような立地の空港がたくさんありますが、日本にもびっくりするような場所につくられた空港があります。富山県にある「富山きときと空港」は、なんと河原に滑走路があるという、日本で唯一の河川敷空港です。駐機スペースと空港ターミナルビルは堤防を挟んで隔たっているので、ボーディングブリッジ（搭乗橋）は堤防をまたいで長く延びています。

滑走路の真横には、夏は鮎《あゆ》釣りの名所となる水量が豊富な一級河川「神通川《じんづうがわ》」が流れています。川の反対側から眺めると、手前にきらきらと輝く川面、その後ろに国際色豊かなさまざまな飛行機、背景には雄大な立山連峰と、川と山に挟まれた美しい飛行機の姿を一望する抜群のロケーションです。

国内線はＡＮＡが就航し、国際線としてはアシアナ航空がソウル行き、中国南方航空公司が大連《だいれん》行き、中国東方航空が上海《シャンハイ》行き、チャイナエアラインが台北《タイペイ》行きを運航。なんと外資系エアライン４社が乗り入れる、れっきとした国際空港なのです。

国土地理院が公開している富山きときと空港の空中写真。神通川に並走するように滑走路が設置され、さらに北側の進入路には北陸自動車道が交差している。

しかしながらウラジオストク便は運休、大連経由北京行きも運休、大連行きは運航再開など状況がめまぐるしく変わるのも特徴で、予断を許しません。

また、河川敷に位置するため、川霧が発生することが多く、視程が落ちて欠航便が多くなることもあります。川洲が鳥のすみかや餌《えさ》場《ば》として適しているため、多くの鳥が集まってくることが原因で、バードストライクが多いという問題もあります。

そのうえ、洪水で滑走路やエプロンが冠水するといった河川敷特有の災害も想定しなければなりません。

いったいなぜ河川敷に……、という疑問がよぎりますが、建設費が安いという理由があるようです。

ダイナミックな流氷から珊瑚礁まで、機窓で季節の風物詩を楽しもう

南北に長く四季のある日本では、季節ごとに表情を変える機窓の風景も、空を飛ぶ楽しみの一つです。

北の海らしいダイナミックな光景を期待できるのが、真冬の北海道の「オホーツク紋別《もんべつ》空港」。日本で唯一、流氷が接岸するオホーツク海沿岸にあるこの空港では、空の上からオホーツク海を埋め尽くす流氷原を一望することができます。

とはいえ、流氷は自然現象のため、見られるかどうかは運次第。近年は、世界的な気候の変動により流氷が接岸しないこともあり、また、天候が雪や曇りだと機窓は一面真っ白で、流氷を見ることはできません。

あるデータによると、その年によって、1カ月に7割以上の日に流氷が接岸することもあれば、ほぼゼロの場合もあるそう。なかなか見られない真冬の絶景だけに、クリアに見渡せた人は強運の持ち主。喜びもひとしおでしょう。

そんなオホーツク紋別空港の周辺自治体は、「空港利用促進助成制度」を実施しています。

オホーツク紋別空港で行なわれている、防氷液の塗布作業。こうした様子が見られるのも、雪国の空港ならでは。

基本的には、それぞれの自治体の住民や通勤・通学する人が対象の制度ですが、一部例外もあります。

たとえば雄武町《おうむちょう》では、北海道外に住んでいる人で、雄武町にあるホテルや旅館、家族や友人の家に宿泊するといったさまざまな条件を満たす、片道5000円、往復1万円の助成が受けとれてお得です。

一方、南らしいオーシャンブルーの機窓の風景を楽しめるのが、鹿児島県の喜界《きかい》空港や沖縄県の久米島《くめじま》空港です。

喜界島は島の大半が、珊瑚礁が隆起してできています。また、久米島の北西海岸には珊瑚礁が発達しています。どちらも飛行機好きならいちどは上陸したい島。空の上から眺める珊瑚礁の美しさは格別です。

参考文献

『マンガ・うんちくエアライン』平尾ナヲキ 著、秋本俊二 監修、KADOKAWA
『飛行機事故はなぜなくならないのか』青木謙知 著、講談社
『アップグレード版 飛行機に乗るのがおもしろくなる本』エアライン研究会 編、扶桑社
『現役機長が答える飛行機の大謎・小謎』坂井優基 著、講談社
『新しい航空管制の科学』園山耕司 著、講談社
『空港施設がわかる本』久保利俊明・佐々木善朗 著、山海堂
『カラー図解でわかるジェット旅客機の操縦』中村寛治 著、ソフトバンククリエイティブ
『カラー図解でわかる 航空管制「超」入門』藤石金彌 著、一般財団法人 航空交通管制協会 監修、ソフトバンククリエイティブ
『台風』渡辺博栄 著、数研出版
『お天気なんでも小事典』三浦郁夫・川﨑宣昭 著、技術評論社
『偏西風の気象学』田中博 著、成山堂書店
『新 百万人の天気教室』白木正規 著、成山堂書店
『天気と気象のしくみパーフェクト事典』平井信行 監修、ナツメ社
『徹底図解 気象・天気のしくみ』新星出版社編集部 編、新星出版社
『空港・航空券の謎と不思議』谷川一巳 著、東京堂出版
『京急グループ110年史 最近の10年』京浜急行電鉄株式会社 編、京浜急行電鉄株式会社
『成田空港』成田国際空港株式会社
『空港をゆく』イカロス出版
『空港をゆく2』イカロス出版
『東京国際空港』イカロス出版
『羽田空港』イカロス出版
『国内線機窓ガイド フライトナビ』イカロス出版
『航空知識のABC 最新版』イカロス出版
『航空無線ハンドブック2015』イカロス出版

カバーデザイン・イラスト／杉本欣右
編集・構成・本文デザイン・DTP・図版／造事務所
取材・文／秋本俊二、江藤詩文、宮下裕子

監修者

秋本俊二（あきもと しゅんじ）

作家・航空ジャーナリスト。東京都出身。学生時代に航空工学を専攻後、数回の海外生活を経て取材・執筆活動をスタート。世界の空を旅しながら、新聞・雑誌、Web媒体などにレポートやエッセイを発表するほか、テレビ・ラジオの解説者としても活躍する。『これだけは知りたい旅客機の疑問100』『みんなが知りたいLCCの疑問50』（ソフトバンククリエイティブ）、『航空大革命』（KADOKAWA）ほか、著書多数。

※本書は書き下ろしオリジナルです。

じっぴコンパクト新書　273

飛行機《ひこうき》はどこを飛《と》ぶ？
航空路《こうくうろ》・空港《くうこう》の不思議《ふしぎ》と謎《なぞ》

2015年11月25日　初版第1刷発行

監修者……秋本俊二
編著者……造事務所
発行者……増田義和
発行所……実業之日本社
〒104-8233　東京都中央区京橋3-7-5 京橋スクエア
電話(編集)03-3535-2393
　　(販売)03-3535-4441
http://www.j-n.co.jp/
印刷所……大日本印刷
製本所……ブックアート

ISBN978-4-408-11160-5(学芸)